그리스
신화여행

그리스 신화여행

지은이 허경희

초판 1쇄 2020년 12월 10일

펴낸곳 인문산책

주소 서울시 은평구 연서로 3가길 15-15, 202호 (역촌동)

전화번호 02-383-9790

팩스번호 02-383-9791

전자우편 inmunwalk@naver.com

출판등록 2009년 9월 1일 제2012-000024호

ISBN 978-89-98259-31-0 (03210)

이 도서의 국립중앙도서관 출판예정도서목록(CIP)은 서지정보유통지원시스템 홈페이지 (http://seoji.nl.go.kr)와 국가자료종합목록 구축시스템(http://kolis-net.nl.go.kr)에서 이용하실 수 있습니다. (CIP제어번호 : CIP2020048810)

은유와 상상으로 그려낸 신화의 세계

그리스
신화여행

인문산책

차례

일러두기

1. 외국어 고유명사 표기는 국립국어연구원의 표기 용례를 따랐다.
   표기의 용례가 없는 경우에는 현지 발음을 따르되, 관용적으로 사용하는 이름과 크게 어긋날
   때는 절충하여 표기했다.
2. 아테나 여신은 '아테나(Athena)'라고도 쓰고 '아테네(Athene)'라고도 표기하는데, 이 책에서는
   여신은 '아테나'로 통일하였고, 도시는 '아테네'로 통일하였다. 도시 아테네의 표기는 그리스어
   로 Athene가 아니라 Athenai이고, 영어식으로는 Athens이다.
3. 그리스 지명들은 옛 지명을 살려 사용하였다.
4. 그림의 작품명은 〈 〉로 표시하였고, 영어 제목으로 통일하였다.
5. 본문 이해를 위해 필요한 경우에는 표지(✢)를 달아 본문 안에 설명하였다.

누구나 한 번은 신화의 강을 건너야 한다

신화를 읽다 보면, 우리 내면의 모습을 만나게 된다. 흔히 칠정(七情)이라고 하는 희로애락애오욕(喜怒哀樂愛惡欲)의 모든 감정이 신화에 내재되어 있다. 그리고 이러한 감정의 실타래 속에서 무수한 관계들이 만들어진다. 신들의 이야기, 신과 인간들의 이야기가 신화라면, 인간과 인간의 이야기는 역사일 것이다. 그리고 이 역사는 때로 신화로 남겨지기도 하는데, 흔히 영웅들의 역사가 그러하다. 그러므로 신화는 허무맹랑한 이야기가 아니라 인간이 겪어온 많은 이야기들을 은유와 상징으로 만들어낸 또 하나의 역사적 상상력이이다.

서구의 문화적 부흥은 600여 년 동안의 오랜 기독교 문화의 암흑시대를 지나 르네상스를 꽃피운다. 14~16세기에 일어난 문예부흥운동인 르네상스는 신 중심의 기독교 세계관에서 인간 중심의 그리스 로마 시대로의 문예부흥 운동이었다. 그러므로 서구 문명의 큰 두 줄기 방향은 그리스 로마 문화와 기독교 문화로 나누어진다. 그리스 로마 문화는 신화적 세계관을, 기독교 문화는 종교적 세계관을 형성하였기에 서구 사회를 이해하기 위해서는 반드시 알아야 할 고전의 양식이다.

특히 그리스 신화는 그 원형에 있어서 무한한 가치가 있다. 기원전

146년 그리스가 로마에 속국으로 편입된 이후 그리스 신화는 로마뿐 아니라 유럽 문화에 커다란 영향을 끼쳤다. 하지만 우리가 알고 있는 그리스 신화는 그리스 본토에서 태동한 것이 아니라 기원전 3000년 경 에게 해를 중심으로 무역 활동을 하던 크레타 섬의 미노아 문명으로부터 그리스 본토로 전파되어 탄생한 기원전 2000년경 미케네 문명의 소산이었다. 그리스 신화는 이 미케네 문명을 통해 성립되었다고 한다.

이후 기원전 1100년 도리아인의 침략으로 찬란했던 미케네 문명은 파괴되고, 스파르타의 시조인 도리아인은 펠레폰네소스 반도의 그리스 본토를 장악하고 몇몇 도시국가를 형성하였다. 이후 300여 년 동안 그리스 문화는 정체기를 겪는다. 원주민 아카이아인은 일부 소아시아로 이동하고, 남아 있던 아카이아인과 도리아인의 혼합적 문화가 그리스 사회를 이끌면서 그리스 문화와 신화도 복잡해진다. 기원전 800년에 《일리아스》와 《오디세이아》의 저자 호메로스나 기원전 700년에 《신들의 계보》를 지은 헤시오도스와 같은 작가들은 이 암흑기 동안 그리스의 여러 민족들로부터 전해져 오던 신화들을 정리하였고, 이는 오늘날 고대 그리스인의 삶의 모습이라고 이해하는 부분이다.

기원전 404년에는 아테네와 스파르타가 주도권을 놓고 펠레폰네소스 전쟁을 일으킨 결과 스파르타가 승리함으로써 아테네의 민주 정부를 무너뜨리고 독재 체제가 들어서지만, 이듬해에 아테나의 민주주의를 회복하게 된다. 이후 기원전 4세기 동안 위대한 철학자 소크라테스, 플라톤, 아리스토텔레스 등이 활동하면서 그리스 문화는 인류의 정신적 자산으로 남았고, 로마제국으로 이어져 전승되었다. 르네상스는 바로 고대 그리스 로마 시대 학문과 예술로의 회기를 뜻한다. 특히 예술에 있어서 미켈란젤로, 레오나르도 다 빈치, 라파엘로 등 뛰어난 천재 화가들은 이탈리아 피렌체를 중심으로 활동하면서 위대한 업적을 이루었고, 이후 유럽으로까지 그 정신이 퍼져 나가 유럽 근대 사회로의 형성에 엄청난 영향을 미쳤다. 서구의 많은 화가들은 이 위대한 작업에 동참했다. 그들은 그리스 로마 신화 속 한 줄 이야기에 영감을 받아 강렬한 이미지로 표현함으로써 신화를 미술의 주제로 사용하였다. 화가들은 신화화, 종교화, 그리고 역사화 등을 시각화하여 그려냄으로써 서구의 미의식을 고양시켰다.

　　　　　나는 문득 그리스 신화를 읽어야겠다는 생각을 했고, 이 생각은 그리스 신화를 책으로 써야겠다는 생각에까지 이르렀다. 오롯이 나만의 관점에서 그리스 신화의 세계를 접근해보고 싶었다. 아니 더 정확하게 말하자면 신화의 세계를 통해 내 안에 숨어 있는 또 다른 나의 본래 모습들을 이해하고 싶었는지도 모르겠다. 그러자 하나의 생각이 스쳐지나갔다. 누구나 한 번쯤 신화의 강을 건너야 한다는 것. 신화의 강을 건넌 이야말로 철학과 역사의 시대로 넘어와 비로소 이상 세계를 꿈꾸게 된다. 그리스의 위대한 철학자 소크라테스와 아리스토텔레스는 신화의 시대를 넘어 철학의 시대를 열지 않았던가. 인류의 역사와 마찬가지로 개인의 역사도 욕망과 신화의 시기를 통과의례처럼 거친 후 이성과 역사의 시기로 넘어오는 것은 아닐까. 서구의 물질문명이 지배하는 소비와 욕망의 시대에 살고 있는 현재의 우리들이 더욱 더 신화를 읽어야 하는 이유가 바로 거기에 있을 것이다. 그러므로 "신화는 과학의 시초이고, 종교와 철학의 본체이며, 역사 이전의 역사다"라는 말은 모든 길은 신화로 통한다는 진리를 보여준다.

〈거인족의 몰락〉
줄리오 로마노
1530~1532년, 프레스코화
테 궁전, 거인의 방 소장

1

신들의
탄생 이야기

그리스 신들의 탄생

카오스와 신들의 세계

그리스 문명의 시작

에게 해 주변은 섬들이 많아 해상교통이 발달하였고, 교역을 통해 앞선 문명을 받아들임으로써 해양 문명을 발전시켜왔다. 기원전 3000년 그리스와 북아프리카 사이에 놓여 있던 크레타(Crete) 섬은 지중해 교역의 중심지였고, 이집트와 메소포타미아 사이의 가교 역할을 하며 발전하였다. 기원전 2600년경에는 수준 높은 문명을 빠르게 받아들여 크레타(미노아Minoa) 문명을 이루었다. 흔히 유럽 문명의 출발점이 그리스 문명이라고 알고 있지만, 실제로는 그리스가 아닌 크레타의 미노아 문명이었다. 이 문명은 그리스 본토에도 많은 영향을 끼치게 된다. 무엇보다도 그리스 신화에서 크레타 섬은 제우스 신의 고향으로 알려져 있지만, 19세기 중엽까지는 전혀 알려져 있지 않았다. 영국의 고고학자 A. J. 에번스에 의해 크레타 섬의 크노소스(Knossos: 테세우스의 신화 중 미궁의 실제 모델. 미노스 왕의 이름을 따서 미노스 궁전이라고도 함) 궁전이 발굴되고, 독일의 고고학자 H. 슐리만에 의해 트로이(Troy)와 ✛미케네(Mycenae)가 발굴됨에 따라 에게 문명의 중심지가 그 모습을 드러냈다.

✛ **미케네 문명**
그리스 본토 펠레폰네소스 반도에 있는 북동부 아르골리스 미케네 유적지의 이름을 따온 고대 그리스 문명을 일컫는다. 아테네, 필로스, 테베, 티린스를 아우르는 지역도 미케네 문명 지역이었다.

✛ **펠로폰네소스 반도**
그리스 본토 남부를 구성하는 반도다. 아카이아인이 먼저 도착하여 미케네 문명을 이루다가 도리아인이 점령하였으며, 기원전 8세기에 스파르타, 코린토스, 아르고스, 메가라 등의 도시국가를 형성하였다. 기원전 5세기에는 스파르타와 아테네 사이에 주도권 전쟁이 일어났는데, 이것이 펠로폰네소스 전쟁이다. 이 전쟁에서 스파르타가 승리함으로써 그리스는 암흑기에 들어갔다.

그리스 본토에서는 기원전 2000년경 선주민인 아카이아인(Achaians)이 북유럽 쪽에서 ✛펠로폰네소스(Peloponnesos) 반도로 남하하여 청동기 문명을 기반으로 한 미케네 문명을 구축하였고, 1600년경부터는 크레타 문명을 받아들여 지중해 동쪽의 해상권을 장악하였다. 그러나 기원전 1200년에 도리아인(Dorians, 도리스인)이 그리스를 침입하자 아카이아인은 동쪽의 소아시아(오늘날 터키를 포함하는 아나톨리아 지역)로 이동하게 된다. 이러한 시기에 이주민인 도리아인과 그리스 본토의 선주민인 아카이아인이 섞이면서 고대 그리스 문명을 이루게 되었다. 이는 그리스 신화에서도 여러 요소가 혼합되는 복잡한 결과를 가져왔다.

고대 그리스 신화의 주요 무대

티탄 신족의 탄생

기원전 8세기에 ✝헤시오도스(Hesiodos)는 그리스 신들을 정리한 《신들의 계보Theogony》를 통하여 후세에 그리스인들의 윤리관에 많은 영향을 미쳤다. 이 저서에 따르면, 태초에는 오직 카오스(Chaos, 혼돈)만 있었다. 대지, 산, 바다, 하늘, 달, 별이 카오스로부터 태어날 때까지 짙은 어둠이 모든 것을 감싸고 있었다.

카오스에 이어 나타난 대지의 여신 가이아(Gaea)는 사랑의 결합 없이, 즉 배우자 없이 하늘의 신 우라노스(Uranus)를 낳았고, 그를 남편으로 삼아 하늘과 땅의 결합을 이루었다. 그들 사이에서 오케아노스, 코이오스, 크리오스, 히페리온, 이아페토스, 크로노스 등 6명의 남신과, 테이아, 레아, 테미스, 므네모시네, 포이베, 테티스 등 6명의 여신이 탄생했고, 이들은 올림포스 신 이전의 티탄(Titan) 신족 12신이다.

✝ **헤시오도스**
기원전 8세기에 활동한 고대 그리스 보이오티아의 농민 시인. 호메로스와 함께 그리스 신화와 문학에 많은 영향을 미쳤다. 현존하는 저서로 《신들의 계보》와 《노동과 나날들》이 있다.

태초의 카오스	가이아(Gaea)	땅, 대지
	타르타로스(Tartaros)	지하세계
	에로스(Eros)	사랑, 욕망
	에레보스(Erebus)	어둠
	닉스(Nyx)	밤

우라노스와 가이아의 후손들						
티탄 신족 12신	남신	오케아노스 (대양)	코이오스 (총명)	크리오스 (성좌)	히페리온 (광명)	이아페토스 (힘)	크로노스 (농경)
	여신	테이아 (창공)	레아 (풍요)	테미스 (율법)	므네모시네 (기억)	포이베 (신탁)	테티스 (맑은 물)

<크로노스와 그의 자녀 Chronos and His Child>
지오반니 프란체스코 로마넬리(Giovanni Francesco Romanelli, 1610~1662)
17세기, 94×123cm, 캔버스에 오일, 바르샤바 국립미술관 소장(폴란드 바르샤바)

제우스의 아버지 크로노스

그러나 우라노스 신은 자신의 아이들 중 한 명이 자신의 왕위를 차지할 것이라는 두려움에 사로잡혀 대지의 깊은 곳(자궁)에 자신의 아이들 모두를 가두어버린다. 그러나 티탄 신족의 12신 막내인 크로노스(Cronus: 농경의 신)는 티탄 신족 중에서도 가장 힘이 세서 아버지 우라노스의 남근을 거세시킨 후 우주의 지배자인 최고신이 되었다. 그는 누이인 레아(Rhea: 대지의 여신)와 결혼했고, 그들은 하데스(Hades: 지하세계의 신), 포세이돈(Poseidon: 바다의 신)의 두 남신과 헤라(Hera: 가정의 여신. 후에 제우스의 아내), 헤스티아(Hestia: 화덕의 여신), 데메테르(Demeter: 대지의 여신) 세 여신을 낳았다.

권력의 잔인함

하지만 크로노스는 그의 아버지 우라노스부터 자신 또한 아들에 의해 제거될 것이라는 예언을 듣고, 그의 자식들 중 한 명이 후에 자신의 왕위를 빼앗을 거라고 믿게 된다. 그래서 공포에 대한 불안감으로 자식들을 집어삼켰다. 어느 날 레아는 여섯째를 임신했는데, 이 아이 또한 다른 자녀들과 똑같은 운명에 처할 것에 두려움을 느껴 크레타 섬(제우스의 고향)에 있는 산꼭대기에서 아이를 낳아서는 새로 태어난 아이를 그곳에 숨겨 놓았다. 그녀는 아이의 이름을 제우스(Zeus: 천둥 번개의 신)라고 짓고, 크로노스가 이 아이마저 삼킬 것이라고 생각해서 강보에 아이 대신 돌을 둘둘 말아서 남편에게 주었다. 크로노스는 그 돌을 새로 태어난 자식이라고 생각해서 또 삼켜버렸다.

돌을 감싸서 크로노스에게 건네는 레아

신들의 전쟁

대지의 요정들은 염소의 우유를 먹여 제우스를 돌봐주었다. 제우스가 성장했을 때 그는 아버지 크로노스를 찾아가서 그에게 와인과 겨자를 섞어 마시는 비법을 가르쳐주었다. 그로 인해 크로노스의 위장에 있는 내용물들이 토해지는 바람에 그가 삼킨 제우스의 형제들과 누이들이 완전히 성장하여 크로노스 입 밖으로 튀어나왔다. 이때 함께 튀어나온 돌은 신탁의 돌로 델포이 신탁의 기원이 된다. 이 사건으로 제우스를 리더로 한 신들과 티탄 신족 사이에 치열한 전쟁이 일어났다.

거인 크로노스(로마식 이름은 사투르누스)는 자신이 제거한 아버지 우라노스로부터 "너의 아들에게 너는 몰살될 것이다"라는 예언을 듣고 아들에 의해 자신의 왕좌를 빼앗길 거라는 두려움을 느낀다. 이 예언으로 인해 그는 태어나는 자식들을 모두 잡아먹게 된다. 이 그림에서 고야는 신화에 대한 내용보다는 권력에 대한 악마성, 폭력성, 타락을 표현하여 주관적 시각의 낭만성을 보여주었다.

〈자식을 잡아먹는 크로노스 Saturn devouring One of His Sons〉
프란시스코 고야(Francisco Goya, 1746~1828)
1819~1823년, 캔버스에 오일, 143×81cm
프라도 미술관 소장(스페인 마드리드)

거대한 전투 ✛ '티타노마키아(Titanomachy)'는 10년 동안 지속되었다. 제우스를 중심으로 한 신들은 타탄 신족을 패배시킨 후 어둡고 음울한 장소인 타르타로스(Tartarus: 지옥 밑바닥의 끝없는 구렁) 지옥 속으로 그들을 던져버렸는데, 그곳은 대지가 하늘로부터 멀리 떨어져 있는 만큼이나 먼 곳이었다. 티탄 신족 중 아틀라스(Atlas)는 특별히 지구의 서쪽 끝에서 손과 머리로 하늘을 떠받치라는 형벌을 받았다.

그런 다음 신들은 세상의 지배를 위해 거인족과 싸웠다. 이 ✛ '기간토마키아(Gigantomachy)' 전투 또한 마찬가지로 오랜 시간이 걸렸다. 하지만 신들은 다시 한 번 승리를 거두었다. 그러므로 이제 제우스는 전 세계의 통치자가 되었고, 그의 형제자매들은 올림포스 산에 정착하게 되었다.

올림포스 1세대 신 (*제우스의 형제자매들)			
그리스 이름	로마 이름	주관	출생의 비밀
제우스	유피테르	신들의 지배자, 천둥의 신	부: 크로노스 모: 레아
헤라	유노	신들의 여왕, 결혼의 여신	제우스의 본처, 누나
포세이돈	넵투우스	바다의 신	제우스의 형
데메테르	케레스	대지의 여신	제우스의 누나이자 연인
헤스티아	베스타	불과 화로의 여신	부: 크로노스 모: 레아
하데스	플루토	지하세계의 신	제우스의 형

《신들의 계보》에 의하면 아틀라스는 티탄 신족 이아페토스와 클리메네의 아들이며, 프로메테우스와는 형제간이다. 티타노마키아 전쟁에서 티탄 신족을 편들었다는 이유로 제우스로부터 형벌을 받아 지구의 서쪽 끝에서 손과 머리로 하늘을 떠받치게 되었다. 그 옆에는 황금 사과가 열리는 헤스페리데스 정원이 있는데, 헤라클레스가 12가지 노역을 수행하기 위해 이 황금 사과를 따러 왔을 때 아틀라스가 사과를 대신 따주는 대가로 한때 헤라클레스가 하늘을 받치고 있었다.

아틀라스만큼이나 남자들이 어깨에 짊어진 짐이 무겁다는 의미에서 영국의 한 의학자는 '아틀라스증후군'이라는 증상을 붙여주기도 했다.

〈아틀라스 Atlas〉
프레데릭 드 비트(Frederick De Wit, 1629~1706)
1680년, 속표지 드로잉, 48.9×25cm
The Minnich Collection. The Ethel Morrison Van Derlip Fund 소장

<거인족의 몰락 The Fall of the Giant>
줄리오 로마노(Giulio Romano, 1492?~1546)
1530~1532년, 프레스코화, 테 궁전, 거인의 방(이탈리아 만토바)

이탈리아의 만토바는 1328년부터 1707년까지 400년간 곤차가 가문의 통치 아래 있던 도시
로 르네상스의 발전에 커다란 기여를 했다. 테 궁전(Palazzo Te)은 이 도시에 위치해 있으
며, 천장을 비롯하여 벽면은 온통 그리스 신화 이야기로 채워져 있다. 그중 '거인의 방'에는
제우스를 중심으로 한 올림포스 12신과 거인족 기간테스와의 전투, 즉 기간토마키아가 그려
진 방이다.

제우스의 가계

집투와 욕망으로 얼룩진 신들의 초상

제우스의 특혜

크로노스의 몰락 후 제우스와 그의 형제들은 각자 통치할 세상을 차지했다. 제우스는 하늘의 지배자가 되었고, 포세이돈은 바다의 지배자, 하데스는 지하세계의 지배자가 되었다. 또한 대지에 법령이 선포되었고, 특히 올림포스는 세 명의 신에 의해 공유되었다. 그리고 가장 힘이 센 제우스는 하늘의 신으로서 또 다른 특혜를 누렸다. 만약 그가 매혹을 느끼는 어떤 아름다움이 있다면 여신이든 요정이든 인간이든 자유롭게 그들에게 다가가는 것이 허락되었다. 진실로 하늘의 신이자 최고신으로서 그가 대지를 풍요롭게 하리라는 기대가 있었다. 그래서 어느 누구도 그의 유혹을 거절할 수 없었다.

하늘의 신
제우스

결혼 전 제우스의 아내들

제우스는 헤라(Hera)를 아내로 맞이하기 전에 다른 아내들이 있었다. 첫 번째 아내는 신들 중 가장 현명한 메티스(Metis, 지혜)였다. 제우스를

지혜의 여신
아테나

시켜 자식들이 태어나자마자 모두 삼켜버린 크로노스에게 약을 먹게 함으로써 크로노스의 위장에 있던 제우스의 형제들을 토해내게 한 것도 바로 그녀였다. 그런데 제우스는 메티스의 첫 아이 아테나(Athena)가 태어나기 전에 그녀를 삼켜버렸다. 왜냐하면 그녀의 두 번째 아이가 아들로 태어날 운명이었는데, 그 아들에 의해 왕위에서 내쫓길 거라는 예언을 들었기 때문이다. 훗날 제우스가 두통에 시달릴 때 대장장이 아들 헤파이스토스(Hephaestus)에게 도끼를 가져오게 하여 이마를 열게 하였는데, 그의 이마에서 메티스의 첫 아이인 아테나가 투구와 창으로 완전 무장한 채 튀어나왔다. 이제 메티스를 삼킨 제우스는 그녀와 늘 함께 머물면서 본성의 일부로서 지혜를 얻었다. 또한 아테나 여신도 어머니의 영향으로 지혜의 여신이 되었다.

정의의 여신 테티스

헤시오도스에 따르면, 두 번째 부인 테미스(Themis, 그리스어로 '질서')는 우라노스(하늘)와 가이아(대지)의 딸이었다. 흔히 법정 앞에서 두 눈을 가리고 양손에 저울과 칼을 들고 서 있는 정의의 여신상을 볼 수 있다. 그녀는 신성한 질서, 법, 인간적 정의, 평화의 인격화된 신으로 묘사되고, 앞날을 내다보는 뛰어난 예지 능력이 있었다. 그래서 델포이 신탁의 수호신이 되었고, 제우스의 조언자이자 두 번째 배우자가 되었다. 그와의 사이에서 계절의 여신들인 ✤호라이(Horae)와 운명의 여신들인 ✤모이라이(Moirai)가 태어났다. 테미스는 제우스의 아내가 되기 전에 티탄 신족 이아페토스(Iapetos)와의 사이에서 프로메테우스(Prometheus)를 낳았고, 자신의 예지 능력을 그에게 전수해주었다고 한다.

✤ **호라이**
계절의 여신들을 호라이라고 하는데, 정의를 주관하는 디케(Dike), 질서를 주관하는 에우노미아(Eunomia), 평화를 주관하는 에일레네(Irene)의 세 여신을 말한다.

✤ **모이라이**
운명의 여신들을 모이라이라고 하는데, 클로토(Clotho), 라케시스(Lachesis), 아트로포스(Atropos)의 세 자매를 말한다. 밤의 여신 닉스(Nyx)가 어머니라는 설도 있다.

그의 세 번째 부인 에우리노메(Eurynome)는 바다의 요정이었다. 그녀는 우아함과 아름다움의 여신들 카리테스(Charites) 세 자매를 낳았는데, 아름다움이 빛나는 여신 아글라이아(Aglaia), 기쁨의 여신 에우프로시네(Euphrosyne), 꽃의 여신 탈리아(Thalia)와 강의 신 아소포스(asopus)를 낳았다.

그런 다음 제우스는 그의 추파를 거부했던 그의 여동생이자 대지의 여신 데메테르(Demeter)를 유혹했다. 하지만 그는 본래의 모습이 아닌 수소의 형상으로 나타나 그녀를 자극했다. 그들의 결합으로 페르세포네(Persephone)가 태어났고, 데메테르와 제우스는 연인으로 남았다.

〈봄 Spring〉중 카리테스 세 자매
산드로 보티첼리(Sandro Botticelli, 1445~1510)
1482년, 패널에 템페라화, 202×314cm
우피치 미술관 소장(이탈리아 피렌체)

데메테르 앞에 수소의 형상으로 나타난 제우스

다음 아내는 티탄 신족의 여신 므네모시네(Mnemosyne)였다. 그녀는 제우스와의 사이에서 아홉 명의 딸 뮤즈(Muse: 예술의 여신)를 낳았다.

헤라와의 결혼

마침내 제우스는 그의 영원한 아내인 헤라 여신을 유혹하게 되었다. 결혼할 것 같은 그녀와의 결합이 성공하지 못한 후 그는 뻐꾸기로 변신하였다. 헤라가 그 새를 불쌍히 여길 때 그녀의 가슴이 열렸고, 제우스는 그의 본래 모습을 되찾아 헤라와 사랑을 나누었다. 이후 헤라는 그녀의 부끄러움을 덮기 위해 제우스와의 결혼을 결정했다. 두 사람은 신들의 가치에 걸맞게 눈부시고 성대한 결혼식을 올렸다. 하지만 그들의 결혼이 제우스의 욕망과 헤라의 질투로 인한 말다툼과 불행의 경계에 있으리라는 것을 알아챈 위대한 예언은 없었다.

그들의 결혼으로 네 명의 자녀가 태어났다. 신들에게 술잔을 올리는 헤베(Hebe), 전쟁의 신 아레스(Ares), 출산의 여신 에일레이티이아(Eileithyia), 대장장이 헤파이토스(Hephaestus)였다. 제우스의 첫사랑으로부터 태어난 아테나의 탄생에 대한 질투와 보복으로 인해 헤라는 그들 자녀 중 헤파이토스는 혼전 임신이라고 주장하기도 했다. 제우스는 그의 두 합법적인 아들인 아레스와 헤파이토스를 잘 돌보지 않았다.

〈제우스와 헤라 Zeus and Hera〉
안니발레 카라치(Annibale Carracci, 1560~1609)
1597년, 프레스코화, 파르네제 저택 소장(이탈리아 로마)

그리고 그의 두 합법적인 딸들은 거의 하잘것없는 존재였다. 한 번은 헤파이토스가 그의 어머니 편을 들면서 제우스와 헤라 사이의 말싸움에 끼어들었다. 격노한 제우스는 태어날 때부터 못생긴 그의 아들을 올림포스 아래 렘노스(Lemnos) 섬으로 던져버렸는데, 이로 인해 헤파이토스는 절름발이가 되어 영원한 불구자로 살았다고 한다.

제우스와 헤라 사이의 논쟁은 매우 빈번했다. 제우스가 계속해서 한 여인과의 사랑 후에 또 다른 여인과 관계를 가질 때마다 헤라는 자신보다 힘이 훨씬 센 제우스에게 적절한 응징을 할 수가 없었다. 하지만 그녀는 제우스가 희망했던 여성들에게 복수를 할 수 있었고, 그 결과로 얻게 되는 혜택을 누렸다.

〈파르나소스 Parnassus〉 중 대장장이 신 헤파이토스
안드레아 만테냐(Andrea Mantegna, 1431~1506)
1497년, 캔버스에 템페라화, 159×192cm
루브르 박물관 소장(프랑스 파리)

제우스의 외도

제우스는 수많은 여신, 요정, 인간들과의 정사에서 많은 자녀들을 두게 됨으로써 결국 새로운 신들과 여신들을 탄생시켰다. 어느 날 밤 헤라가 잠에 빠졌을 때 제우스는 티탄 신족 아틀라스의 딸들인 일곱 명의 요정 플레이아데스(Pleiades) 중 마이아(Maia)와 사랑을 만들어 신들의 교활한 메신저 헤르메스(Hermes)를 낳았다. 헤르메스는 제우스가 수많은 여신들이나 요정, 인간들과의 사이에서 낳은 자식들 중 유일하게 헤라의 질투를 받지 않았다고 한다.

전령의 신
헤르메스

〈아프로디테(비너스)의 탄생 The Birth of Venus〉 세부
산드로 보티첼리(Sandro Botticellii, 1445?~1510)
1485년, 템페라화, 180×280cm, 우피치 미술관 소장(이탈리아 피렌체)

미와 사랑의 여신 아프로디테의 탄생이야기를 그린 그림이다. 이 그림에서 아프로디테는 서풍에 의해 조개껍질을 타고 키프로스 섬에 도착한 모습이다. 부드러운 곡선과 섬세한 세부 묘사로 우아하고 기품 있는 여인상을 보여주는 작품이다. 모딜리아니(Amedeo Modigliani, 1884~1920)는 이 그림에 매혹되어 작품의 영감을 받기도 했다. 그림 왼쪽은 서풍의 신 제피로스와 그의 배우자인 바다의 요정 크로리스이고, 오른쪽은 계절의 여신 호라이다.

제우스는 티탄 신족 디오네(Dione)와의 사이에서는 미와 사랑의 여신 아프로디테(Aphrodite)를 얻었다고 한다. 아프로디테는 '거품에서 나온 여인'이라는 뜻이 있는데, 그래서 우라노스의 잘린 성기에서 흐른 정액이 바닷물과 섞여 생겨난 거품에서 태어났다고도 하는 설도 있다.

헤라의 엄청난 질투를 받은 여인은 티탄 신족 레토(Leto)라고 할 수 있다. 제우스가 레토를 선택해 아이를 임신시켰을 때, 그는 헤라와 결혼해야만 하는 처지였다. 헤라는 임신한 레토를 비난하였고, 해가 비치는 땅에서는 아이를 낳지 못하고 완전한 어둠의 땅에서 아이를 낳도록 가혹한 박해를 가했다. 아이를 낳기 위해 그리스 전역을 헤매다가 레토는 델로스 섬에서 마침내 달과 사냥의 처녀신 아르테미스(Artemis)를 낳았다. 9일 후에는 빛의 신이자 영감의 신인 아폴론(Apollo)을 낳았다. 이들 새로운 신과 여신은 두 신성한 부모를 가진 충분한 자격으로 이후 누구보다 훌륭한 올림포스 신들이 되었다.

디오니소스의 탄생

그러나 한 중요한 신은 아버지로서는 제우스 신을 가졌지만, 어머니로서 죽을 수밖에 없는 운명의 인간 여인을 가졌다. 그는 포도주의 신이자 황홀경의 신 디오니소스(Dionysus)로 결코 올림포스 자리에 초대 받은 적이 없다. 그의 어머니는 테베의 공주 세멜레(Semele)였다. 제우스는 그녀를 어둠 속에서 하룻밤 동안 방문했는데, 그녀는 그가 신성한 존재임을 알고 그와의 동침을

제우스의 허벅지에서 태어난 디오니소스 신

〈젊은 아픈 디오니소스(바쿠스) Young Sick Bacchus〉
카라바조(Caravaggio, 1573~1610)
1593년, 캔버스에 오일, 67×53cm
루브르 박물관 소장(프랑스 파리)

허락하였다. 세멜레가 임신한 사실이 알려졌을 때 그녀는 아이의 아버지가 제우스라고 떠벌리고 다녔다. 헤라가 이 사실을 알고 그녀의 유모로 변장하여 그녀를 찾아갔다. 헤라는 세멜레에게 어떻게 아버지가 제우스인지를 아느냐고 물었지만, 세멜레는 증명할 수가 없었다. 그래서 헤라는 세멜레를 꼬드겨 제우스에게 그의 완전한 모습을 보여달라고 요구하라고 유도했다.

다음날 제우스가 세멜레를 방문했다. 그는 그녀의 임신을 매우 기뻐하며 그녀가 원하는 어떠한 것이든 들어주겠다고 맹세했다. 이때다 싶어 세멜레는 헤라의 충고대로 완전한 모습을 드러낸 제우스를 만나기를 원한다고 요청했다. 제우스는 한 번도 그의 약속을 깬 적이 없었기 때문에 슬퍼하며 진실한 자신의 모습을 보여주었다. 순간 제우스의 강렬한 빛에 의해 세멜레는 즉각 불태워졌다. 헤라는 이러한 사실을 알고 있었고, 세멜레가 사랑하는 이의 손에 의해 직접 죽도록 잔인한 복수를 하였다. 하지만 제우스는 그녀의 아직 태어나지 않은 태아를 용서했고, 디오니소스 신으로서 나타나게 할 수 있을 때까지 그의 넓적다리 안에 꿰매두었다. 제우스의 넓적다리로부터 출생한 디오니소스는 홀로 불멸을 수여받았다. 디오니소스는 자라서 각 지역을 떠돌아다녔는데, 헤라가 질투로 인해 그에게 광기를 불어넣었기 때문이라고 한다. 이로 인해 각 지역에 포도

〈제우스(유피테르)와 세멜레 Jupiter and Semele〉 세부
귀스타브 모로(Gustave Moreau, 1826~1898)
1896년, 캔버스에 오일, 213×118cm
귀스타브 모로 미술관 소장(프랑스 파리)

재배가 퍼져 나갔고, 문명이 널리 알려질 수 있었다. 최근 BTS는 서구인들이 감추고 싶었던 디오니소스 신을 노래하며 예술을 위해 빠지라고 소리치면서 새로운 문명의 전파자로서 그를 소환하고 있다.

제우스와 인간 사이에 태어난 위대한 자녀들

죽을 수밖에 없는 운명의 인간 자녀들은 한 가지 이유나 다른 이유 등으로 일반 인간들과는 여러 모로 구별되어진다. 제우스와 인간 사이의 자식들 중에는 다나에(Danae)의 아들 페르세우스(Perseus)와 레다

올림포스 2세대 신 (*제우스의 자손들)			
그리스 이름	로마 이름	주관	출생의 비밀
아테나	미네르바	지혜의 여신	부: 제우스 모: 메티스
아폴론	아폴로	태양의 신	부: 제우스 모: 레토
아르테미스	디아나	달의 여신	부: 제우스 모: 레토
아레스	마르스	전쟁의 신	부: 제우스 모: 헤라
헤파이스토스	불카누스	불의 신이자 대장장이	부: 제우스 모: 헤라
헤르메스	메르쿠리우스	전령의 신	부: 제우스 모: 마이아
디오니소스	바쿠스	포도주의 신	부: 제우스 모: 세멜레
아프로디테	베누스	사랑과 미의 여신	부: 제우스 모: 디오네 (* 다른 설도 있음)

(Leda)의 아들 카스토르(Castor)와 폴리데우케스(Polydeuces), 그리고 알크메네(Alcmene)의 아들 헤라클레스(Heracles)와 같은 위대한 영웅들이 있었다. 또한 에파포스(Epaphus)는 이집트의 왕이 되었고, 아르카스(Arcas)는 아르카디아의 왕이 되었으며, ✛ 라케다이몬(Lacedaemon)은 스파르타의 왕이 되었다. 가장 현명한 입법자 중에는 제우스와 에우로페(Europe) 사이에서 태어난 크레타 섬의 미노스(Minos)가 있었다. 또한 전설적인 아름다움을 가진 트로이의 헬레네(Helene)도 유명하다. 제우스의 자녀 중 가장 끔찍한 인물은 탄탈로스(Tantalus)였다. 탄탈로스는 신들을 시험하기 위해 그의 아들 펠롭스(Pelops)를 죽여 요리를 해서 신들에게 내놓았던 인물이다. 데메테르를 제외하고 신들은 그 음식을 먹지 않고 죽은 펠롭스의 사지를 모아 그를 다시 살려낸 바 있다.

다나에와 황금비

다나에는 아르고스(Argos)의 왕 아크리시오스(Acrisius)의 딸이다. 어느 날 아크리시오스 왕은 딸이 낳은 손자에 의해 살해당할 것이라는 신탁의 예언을 듣고 다나에를 아무도 접근할 수 없는 청동탑에 가두어두었다. 차마 딸을 죽일 수 없었기 때문이다. 하지만 하늘에서 이 모든 것을 내려다보고 있던 제우스는 황금비로 변신하여 다나에에게 접근하고, 다나에는 임신하여 페르세우스를 낳는다.

구스타프 클림트(Gustav Klimt, 1862~1918)의 〈다나에Danae〉라는 작품 속의 여인을 보라. 마치 어머니 자궁 속에 웅크린 듯한 자세로 세상 편한 잠에 빠져 든 것처럼 보이지만, 여인은 지금 정사 중이다. 상대는 하늘의 신 제우스다. 제우스는 몰래 정사를 치르기 위해 황금비로 변신

✛ **라케다이몬**

제우스와 요정 타이게테의 아들로 태어났다. 라코니아 왕국의 에우로타스 왕의 딸 스파르타와 결혼했는데, 에우로타스 왕에게는 아들이 없었기 때문에 사위인 라케다이몬에게 왕국을 물려주었고, 라케다이몬은 새로운 수도를 건설하여 아내의 이름을 따서 그 왕국을 스파르타라고 명명하였다. 이후 스파르타가 도시국가의 명칭으로 사용되었다.

〈다나에 Danae〉, 구스타프 클림트(Gustav Klimt, 1862~1918)
1908년, 캔버스에 오일, 77×83cm, 개인 소장

했고, 이 황금비는 제우스의 정액을 의미하기도 한다. 여인은 두 눈을 살포시 감고, 입술을 살짝 벌인 채 자신의 몸속으로 들어오는 황금비를 받아들이고 있다. 여성의 오르가슴을 표현한 이 작품은 에로티시즘의 백미로 알려져 있다. 19세기 말 클림트는 "예술에 자유를!"이라고 외치면서 아폴론적인 도덕과 질서의 아카데미즘보다는 기존의 질서를 깨려는 디오니소스적인 쾌락의 에로티시즘을 주창하였다. 그의 대부분의 작품들은 여성의 몸을 통해 그 환락과 황홀경을 상징적으로 보여주었다.

젊은 시절 페르세우스는 끔찍한 괴물 고르고네스(Gorgones) 세 자매 중 한 명인 메두사(Medusa)를 죽이기 위해 찾아다녔다. 메두사의 머리 카락은 독사가 되어 있었고, 얼굴은 너무나 무시무시해 사람들이 그 얼굴을 보기만 해도 돌로 변해버렸다. 세 자매 중 유일하게 불사신이 아닌 메두사는 페르세우스에 의해 목이 잘려 죽었다. 이후 페르세우스는 그리스의 위대한 영웅이 되었다.

레다와 백조

레다는 스파르타의 왕 틴다레오스(Tyndarus)의 부인이었음에도 제우스에게 찍혀서 고난을 겪게 된다. 올림포스에서 제우스가 레다를 내려다보았을 때, 그는 순간적으로 그녀를 향한 욕망에 사로잡혀서 아프로디테에게 가서 조언을 구했다. 아프로디테는 제우스를 화려한 백조로 변하게 했고, 자신은 독수리로 변신시켰다. 그리고 강 계곡에서 백조를 쫓기 시작했다. 독수리에게 쫓기는 제우스는 레다의 팔로 피신했고, 레다는 부드럽고 따뜻하게 품안으로 그를 받아들였다. 이 사건 후 9개월 후 그녀는 두 개의 알을 낳았다. 한 개의 알에서는 폴리데우케스와 아름다운 헬레네('트로이 헬레네'로 불리며, 트로이 전쟁의 원인을 제공함)가 쌍둥이로 태어났고, 다른 한 쪽 알에서는 카스토르와 클리타임네스트라(Clytemnestra)가 쌍둥이로 태어났

〈레다와 백조 Leda and the Swan〉
레오나르도 다 빈치(Leonardo da Vinci, 1452~1519) 학파
1508~1515년, 패널에 오일, 130×77.5cm
우피치 미술관 소장(이탈리아 피렌체)

〈레다와 백조 Leda and the Swan〉, A.D. 1년, 폼페이 프레스코화

이탈리아 폼페이 지역의 대저택에서 프레스코화로 발견된 이 그림은 백조의 형상을 한 제우스 신이 스파르타의 여왕 레다를 임신시키는 장면을 묘사하고 있다. 2018년 발견되어 일반인에게 공개되었는데, 2000여 년이 지났음에도 선명한 색감과 그림 형태를 유지하고 있다. 레다의 신화적 이야기는 14~16세기 르네상스 시기에 레오나르도 다 빈치, 미켈란젤로 등이 그린 〈레다와 백조〉의 그림에도 영감을 주었다고 한다. 그들의 그림은 소실되었고, 현재는 모방작만이 남아 있다.

다. 그녀의 아이들은 그리스의 스파르타 역사에서 매우 유명해졌고, 고대 그리스의 수많은 비극적 인물이 되어 이야기를 이끌고 있다. 한편, 레다의 남편이자 스파르타의 왕 틴다레오스 또한 제우스가 다녀간 후 그날 밤 그녀와 사랑을 만들었기에 이 네 쌍둥이의 정확한 아버지가 누구인지는 문제로 남아 있다.

레다의 이야기를 그린 레오나르도 다 빈치와 미켈란젤로의 그림들은 현재 전해지지 않고 그들의 그림을 모방한 그림들이 전해진다. 다 빈치의 모방작에서는 주로 두 개의 알에서 네 명의 자녀가 태어나고, 미켈란젤로의 모방작에서는 두 명의 자녀들만이 그려져 있다는 차이점이 있다. 이들 자녀들에 대한 아버지가 누구인지 불분명하기 때문일 것이다.

암소로 변한 이오

불쌍한 이오(Io)는 헤라에 의해 오랫동안 박해를 받은 것으로 유명하다. 제우스는 이오와 사랑에 빠져 헤라가 알지 못하도록 이오를 암소로 변신시키고 두꺼운 구름층 아래에서 그녀를 유혹했다. 안토니오 다 코레조(Antonio da Correggio, 1490~1534)의 〈제우스와 이오 Jupiter and Io〉 작품에서는 보이지 않는 실체인 구름의 사랑을 느끼는 여인의 모습이 구름 속으로 빨려 들어갈 듯 관능적으로 표현되어 있다.

하지만 헤라는 어리석지 않았다. 그녀는 올림포스 아래로 내려가 구름을 흩어지게 했고, 그 속에서 하얀 어린 암소, 물론 이오 옆에 서 있는 제우스를 발견했다. 헤라는 침착하게 이 암소를 자신이 가져도 되는지를 제우스에게 물었다. 제우스는 마음 내키지 않은 변명을 늘어놓으며 그녀에게 암소를 주었다.

헤라는 그 암소가 이오임을 알았고, 그래서 파수꾼 아르고스(Argus)에게 맡겨 그의 감시 아래에 그녀를 두었다. 100개의 눈을 가진 파수꾼 아르고스는 임무에 충실했다. 결국 제우스는 아르고스로부터 이오를 빼내오기 위해

〈제우스와 이오 Jupiter and Io〉
안토니오 다 코레조(Antonio da Correggio, 1490~1534)
1531~1532년, 캔버스에 오일, 163.5×70.5cm
빈 미술사 박물관(오스트리아 빈)

왼쪽 〈하얀 암소로 변신한 이오를 지키고 있는 아르고스 Argus Guarding Io Who Has Been Transformed into a White Heifer〉, 오른쪽 〈잠자고 있는 틈을 타 아르고스를 죽이려는 헤르메스 Mercury about to Kill Argus Having Lulled Him to Sleep〉
야코포 아미고니(Jacopo Amigoni, 1682~1752), 1730~1732년, 캔버스에 오일, 366×340cm

그의 아들 헤르메스를 보냈지만, 아르고스는 잠을 잘 때 두 개의 눈을 감고 나머지는 뜨고 있어 아무도 그의 눈을 속일 수 없었다. 결코 잠들지 않기 때문에 그 일은 매우 어려웠다. 그래서 헤르메스는 변장을 한 후 아르고스에게 다가가 이야기를 들려주며 플롯을 연주하기 시작했다. 연주를 듣고 아르고스가 잠들자 헤르메스는 그를 죽였다. 아르고스의 죽음을 추모하듯이 헤라는 그녀의 애완 새의 꼬리에 그의 눈들을 붙여 놓았다. 여전히 어린 암소의 모습으로 있던 이오는 등에 벌레가 앉은 것 같은 고통으로 미친 듯이 전국 방방곡곡을 달렸다. 한 번은 그녀가 카프카스 산맥 바위에 묶인 프로메테우스를 우연히 만났다. 신성한 불법의 두 희생자들은 그녀의 입장에 대해 토론을 했다. 미래를 내다보는 프로메테우스는 그녀의 고통이 완전히 끝났지 않았음을 예언했다. 이오는 바다를 건너 멀리 여행을 할 수밖에 없었다. 그때 그녀가 건넌 바다를 이오의 이름을 따서 '이오니아 해(Ionia Sea)'라고 부른다. 오랜 여행 후에 그녀는 나일 강 건너 이집트에 도착했고, 비로소 제우스를 만나 인간의 모습으로 되돌아왔다. 그곳에서 제우스와의 사랑으로 아들 에파포스를 낳았다. 그리고 그녀의 후손들로부터 프로메테우스를 자유롭게 풀어준 헤라클레스가 나타났다.

크레타 섬으로 건너간 에우로페

헤라가 이오에게 벌을 주려 애썼다면, 에우로페(Europe)는 헤라의 격노를 피해 달아난 여인이다. 어느 아침 페니키아 왕의 사랑스러운 딸 에우로페는 여성 형상으로 누운 두 대륙이 그녀에게 권리를 주장하는 꿈을 꾸었다. 에우로페는 태어날 때쯤 아시아에 속했지만, 이름이 없는 다른 대륙은 제우스가 에우로페를 이 대륙으로 데리고 왔다고 말해주었다.

꿈에서 깬 에우로페가 그녀의 동료들과 시돈의 바닷가에서 즐겁게 뛰어 놀고 있을 때, 제우스는 그녀에게 반하여 자신을 엄청나게 잘 생긴 수소로 변화시켰다. 그는 그들과 함께 놀기 위해 부드럽게 소

흰 소로 변신한 제우스의 등에 타고 바다를 건너는 에우로페

〈에우로페의 납치 The Abduction of Europa〉 세부
노엘 니콜라스 쿠아펠(Nöel Nicolas Coypel, 1690~1734)
1727년, 캔버스에 오일, 128×194cm
필라델피아 미술관 소장(미국 필라델피아)

녀들에게 접근하였다. 수소로 변한 제우스가 무릎을 꿇자 에우로페는 수소의 등에 올라탔다. 그런 다음 수소는 바다에 몸을 맡겼다. 제우스가 에우로페를 순식간에 납치하고 만 것이다. 그들이 바다를 건널 때 바다의 요정 네레이드(Nereid)들과 트리톤(Tritons: 반인반어의 해신), 그리고 포세이돈이 동행했다. 그제야 에우로페는 그 수소가 변장한 제우스 신임을 깨달았고, 그에게 자신을 버리지 말아 달라고 애원했다. 제우스는 자신의 본향인 크레타 섬으로 그녀를 데리고 가고 있다고 대답해주었다.

크레타 섬에 도착한 에우로페는 제우스와의 사이에서 미노스(Minos: 후에 크레타의 왕이 됨)를 낳았고, 라다만티스(Rhadamanthys: 후에 저승의 심판관이 됨)와 사르페돈(Sarpedon: 후에 리키아의 왕이 됨)을 낳았다. 나중에 에우로페는 크레타의 왕 아스테리오스(Asterios)의 아내가 되었다. 왕은 그녀의 세 아들들을 돌봐주고 후에 그들에게 왕위를 물려주었다. 에우로페는 그녀의 이름을 따서 이 대륙의 이름을 지었는데, 영어식으로 하면 유로파(Europa), 곧 유럽(Europe)이라는 지명이 탄생했다.

제우스의 실패한 사랑

제우스의 수많은 여성 편력에도 불구하고 그가 항상 사랑의 추구에서 성공한 것은 아니다. 아스테리아(Asteria) 요정은 자포자기하여 자신을 메추라기로 변신시키고 바다로 뛰어들었다. 제우스를 거절한 유일한 존재로 델포스 섬을 떠돌고 있다고 한다.

또 다른 경우에는 제우스 스스로 요정 테티스(Thetis)를 포기한 사랑도 있는데, 왜냐하면 그녀가 낳은 아들이 아버지보다 더 위대해지리라는 예언 때문이었다. 후에 테티스는 인간 펠레우스(Peleus)와 결혼하여 트로이 전쟁의 가장 위대한 영웅 아킬레우스(Achilles)를 낳았다.

제우스가 열중한 사랑은 여성에 제한되지 않았다. 그가 젊은 가니메데스(Ganymede)와 사랑에 빠졌을 때 그는 독수리로 변신하여 소년을 유혹했고, 올림포스로 데리고 가서 술시중을 들게 했다.

제우스 신화의 의미

신들의 왕으로서, 그리고 인류에게 정의의 공정함으로서 제우스의 힘은 그 무엇에도 견줄 수 없다. 아버지로서의 역할은 제우스에게 필수 불가결이기도 하지만, 그리스 사람들은 제우스를 일부다처의 신봉자 또는 문란한 생활을 하는 난봉꾼으로 만들었다. 제우스는 자신에 대한 숭배가 전 지역으로 퍼져 나가게 하기 위해 수많은 여성들을 아내로서 받아들였고, 각 지방의 여인들과 결혼하였다. 그러나 일부다처는 그를 난봉꾼으로 만들어야 했기 때문에 그리스 사람들에게 받아들이기 어려운 존재가 되었다.

〈제우스와 테티스 Zeus and Thetis〉
장 오귀스트 도미니크 앵그르(Jean Auguste Dominique Ingres, 1780~1867)
1811년, 캔버스에 오일, 327×260cm, 그라네 미술관 소장(프랑스 액상 프로방스)

바다의 요정 테티스(후에 아킬레우스의 어머니)는 너무나 아름다워서 제우스와 포세이돈은 그녀를
차지하기 위해 싸움을 벌였다. 이때 프로메테우스가 제우스에게 나타나 "테티스에게서 태어나는
아들은 아버지보다 더 강력해질 것이다"라는 신탁을 남겼다. 이 예언을 듣고 마음을 바꾸어 먹
은 제우스는 테티스를 인간인 펠레우스의 아내로 보낸다. 이 그림에서는 제우스의 당당하고
위엄 있는 모습이 가장 잘 표현되어 있다. 화면 왼쪽은 질투심 많은 헤라 여신이다.

위대한 올림포스의 일곱 신(아프로디테가 빠졌을 경우)의 아버지인 위엄 있는 제우스 신은 또한 수많은 인간 존재의 아버지이기도 했다. 많은 통치자 또는 권력자들이 제우스의 가계에 포함되어 있다. 그래서 헤라와의 싸움과 속임수가 그의 존엄을 반감시키지만, 그것은 제우스 가족의 가계도를 위해 지불해야 하는 그리스 사람들의 대가였다.

제우스에 대한 신화는 원래 신들과 인간에 대한 그의 지배력을 세우려는 것과 관련되어 있다. 올림포스 신전에서 그의 우월성은 주요 일곱 또는 여덟 신의 아버지라는 사실에서 크게 드러난다. 제우스와 헤라는 뛰어난 개인성을 가지고 있고, 그들의 가족 상황은 너무나 현실적이고 인간화되어 있어서 우리는 그 신들의 모든 것들은 이해할 수 있을 정도다. 그러므로 제우스가 자신의 욕망을 만족시키기기 위해서 다른 여성들과의 일탈을 꿈꾸며 자신을 짐승의 형상으로 변화시키는 것도 대부분의 남성들이 꿈꾸는 꿈의 일환으로 이해할 수 있다.

그리스 사람들은 질서를 향해 움직이려는 열정을 가지고 있었다. 그들은 계속해서 그들의 신화를 합리화하였고, 불명확한 것을 설명하려고 애썼으며, 좀 더 믿을 수 있는 환상적인 요소들을 첨가하기 시작했다. 그러나 아이러니컬하게도 신들을 인간적으로 이해할 수 있도록 만들면서 신이 가진 원래의 힘과 신비한 면모는 사라지고 평범화한 경향이 있다. 비록 그리스 신화가 국제적으로 잘 알려져 있을지라도 우리는 현재의 상황에 맞게 그리스 신들에게 매콤한 양념을 쳐서 또 다른 이야기를 만들 수도 있다. 그렇게 해서 신성 위에 세워진 신들의 모습은 인간적 본질을 보여주기도 한다. 물론 현실적 인간 군상들이 그려지기 때문에 본질의 많은 부분에 있어 높은 도덕적 수준을 보여주는 것은 아니다. 자부심, 탐욕, 속임수는 그리스 신들의 영원한 모습으로 보인다.

올림포스 주요 신

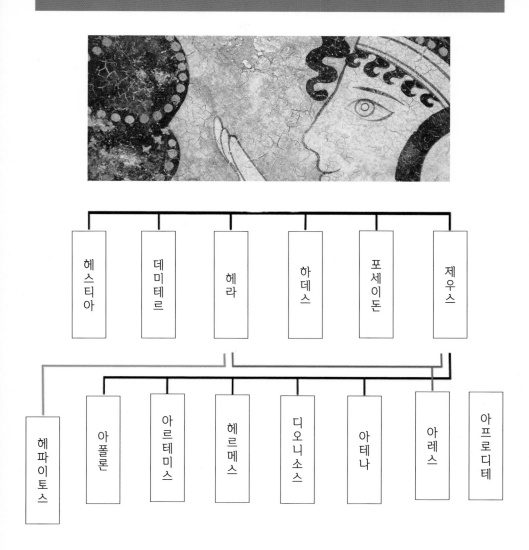

헤스티아 · 데미테르 · 헤라 · 하데스 · 포세이돈 · 제우스

헤파이토스 · 아폴론 · 아르테미스 · 헤르메스 · 디오니소스 · 아테나 · 아레스 · 아프로디테

운명의 여신들

씨줄과 날줄로 엮어내는 운명

운명을 관장하는 세 자매

흔히 운명의 장난이라는 말을 한다. 정말로 운명의 신이 있어서 인간의 운명을 쥐락펴락하는 것일까? 불교에서는 이 운명을 인연(因緣)이라고 보았다. 인연의 끈이 우리를 알지 못하는 어딘가로 데려간다고 생각했다. 그래서 스스로 인연의 끈을 끊어내어 자유로워지기를 열망했다. 반면 그리스 신화에서 운명(fate)은 '치명적'이라는 의미의 죽음까지도 포함하였으며, 본인의 자유 의지로 끊어낼 수 있는 것은 아니었다. 왜냐하면 운명을 관장하는 여신들이 만들어내는 신의 영역이기 때문이다.

그리스 신화에서 그리스어로 운명을 뜻하는 모이라이(Moirai)는 '할당된 몫들'이라는 의미인데, 인간의 운명을 주관하는 세 명의 여신을 인격화한 말이다. 신들의 세대교체가 있기 전 카오스에서 밤의 여신 닉스(Nyx)가 혼자 낳았다고도 하고, 제우스와 테미스 사이에서 태어났다고도 한다. 클로토(Clotho : 생명의 탄생과 시작을 주관하는 여신), 라케시스(Lachesis : 행운과 불행을 주관하는 여신), 아트로포스(Atropos : 죽음을 주관하는 여신) 세 자매를 말한다.

〈**황금실** A Golden Thread〉
존 스트루드위크
(John Melhuish
Strudwick, 1849~1935)
1885년, 캔버스에 오일
72.4 × 42.5cm
영국 국립미술관 소장
(영국 런던)

이 그림은 두 부문으로 나누어져 있는데, 아래 부분에서는 세 명의 운명의 여신이 인생의 실을 잣고 있다. 실을 감는 막대기 한 쪽은 황금실이고, 다른 한 쪽에는 회색실로 감겨 있다. 황금실로는 생명의 길이를 측정할 수 있다. 윗부분 그림에서 여인과 그녀의 연인은 밀어를 속삭이고 있다. 그들의 운명은 아래 그림에 있는 세 명의 운명의 여신에 의해 결정될 것이다. 곧 종이 울림으로써 시간의 지나감을 상징화하면서 하늘에서는 사랑의 마차가 그들을 기다리고 있다.

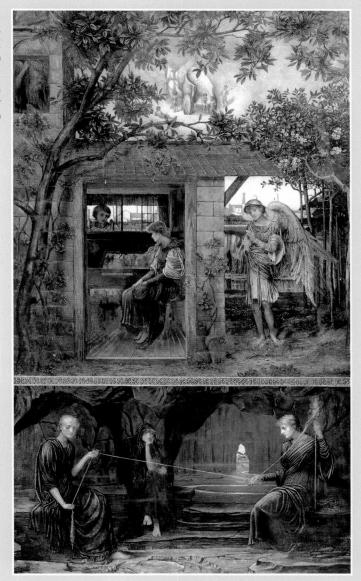

세 자매는 씨줄과 날줄로 인간의 운명을 엮어낸다. 이들은 마치 신들과 비슷하다. 인간도 아니요 신도 아닌 이들은 인간의 판단과 행위를 감지하고 의심하는 권력을 가지고 있다. 그중 가장 어린 클로토는 생명의 실을 잣는다. 그녀는 매우 근원적이다. 그녀의 바느질은 생명 그 자체의 창조와 개인의 탄생을 엮어낸다.

두 번째 자매인 라케시스는 일생 동안 사람들의 운명을 배분하는 역할을 한다. 그 이름은 그리스어로 $\lambda\alpha\gamma\chi\acute{\alpha}\nu\omega$인데, 그것은 '제비들로부터 얻는다(제비뽑기)'라는 의미를 가지고 있다. 그런 의미에서 인간은 무수한 가능성으로부터 그들의 운명이 선택된다는 것을 알 수 있다. 라케시스는 그녀의 마술지팡이로 생명의 실의 길이를 측정하고, 그 본질을 결정한다.

마지막 운명의 자매는 '돌이킬 수 없다'는 의미의 아트로포스이다. 아트로포스는 생명의 실을 끊어내는 이로서 자매들과 함께 누군가가 어떻게 죽을 것인지를 결정한다.

운명의 세 여신 클로토, 라케시스, 아트로포스

〈운명의 세 여신 The Three Fates〉 또는 〈죽음의 승리 The Triumph of Death〉
1520년, 태피스트리 직물
빅토리아 앨버트 미술관 소장(영국 런던)

중세적 분위기로 운명의 세 여신을 다채로운 색깔의 선염 색사로 만든 직물 태피스트리
(tapestry)에 형상화하였다. 그림의 왼쪽부터 죽음을 관장하는 아트로포스, 가운데 생명의 길
이를 측정하는 라케시스, 그리고 마지막에 생명의 탄생을 시작하는 클로토가 그려져 있다.
이들 세 여신이 짜는 씨줄과 날줄에 의해 인간의 운명이 결정된다고 한다.

죽음의 신, 타나토스

죽은 이들의 영혼을 거두는 저승사자

죽음의 저승사자

고대 그리스에서 타나토스(Thanatos)는 종종 손에 검을 가지고 있고, 날개가 달린 젊은 남자로 묘사되어진다. 타나토스는 밤의 여신 닉스(Nyx)와 어둠의 신 에레보스(Erebos)의 아들로 잠의 신 히프노스(Hypnos)와는 쌍둥이 형제다. 그들의 다른 형제들로는 노쇠의 신 게라스(Geras), 불화의 여신 엘리스(Eris), 복수의 신 네메시스(Nemesis), 지하세계로 영혼들을 이끄는 뱃사공 카론(Charon)을 포함하고 있다.

타나토스는 그리스 신화에서 저승사자의 역할을 한다. 그는 개인의 삶을 끝내는 데 결정해 왔던 그의 여동생들 모이라이(Moirai)와 함께 죽은 자들의 영혼을 거둔다. 적절한 매장 의식으로 묻힌 사람에 한해서 카론의 배를 타고 건

〈죽음의 천사 Angel of Death〉
에블린 드 모건(Evelyn De Morgan, 1850~1919)
1881년, 캔버스에 오일, 123.8×93.3cm, 개인 소장

널 수 있는 영혼들이 있다. 그리스 신화에서 죽음의 신으로 알려진 타나토스는 특별히 평화로운 죽음과 관련되어졌다. 폭력적 죽음으로 고통받는 사람들은 하데스의 사냥개와 파괴적인 죽음의 여신 케레스(Keres)의 자매들이 담당했다.

타나토스와 시시포스

그리스 신화에서 타나토스는 특별히 시지포스(Sisyphus), 헤라클레스(Heracles), 사페르돈(Sarpedon)과 얽힌 이야기가 전해진다.

타나토스에 대한 가장 유명한 그리스 신화 이야기는 타나토스와 시시포스에 대한 것이다. 코리토스의 왕 시시포스는 그의 동료들에게 신들의 비밀을 드러내는 습관이 있었다. 어느 날 강의 신 아소포스의 딸을 제우스가 유괴했다고 누설함으로써 제우스를 화나게 했다. 결국 제우스는 시시포스에게 벌을 주기 위해 타나토스를 보냈다. 타나토스가 시시포스를 데리러 왔을 때 그는 죽음(타나토스의 인격화)에게 선수를 쳤다. 교활한 시시포스는 타나토스에게 어떻게 사슬이 작동하는지를 그에게 보여주기를 요청했고, 타나토스는 스스로를 그 사슬에 채웠다. 죽음의 신이 함정에 빠졌고, 물론 시시포스는 그를 풀어주는 것을 거절했다.

타나토스가 사슬에 묶여 있는 동안 죽음은 어떤 누구도 데려올 수 없었다. 지하세계의 신 하데스는 자신의 영역에 도착하는 새로운 죽은 사람이 없음을 발견했고, 전쟁의 신 아레스는 전쟁터에서 어느 누구도 죽지 않는다는 것을 발견했다. 아레스는 코린토스로 가서 타나토스를 풀어주고, 그 과정에서 시시포스를 죽였다. 시시포스는 그러한 일이 일어나리라는 것을 미리 계획해서 그의 아내로 하여금 고대 그리스에서 육신에게 행하는 의식을 하지 말라고 경고했다. 지하세계에서 시시포스는 능숙한 말솜씨로 페르세포네를 설득해서 자신을 적절하게 매장하지 않은 그의 아내를 꾸짖기 위해 지상으로 돌아가게 해달라고 설득했다. 페르세포네는 그 요구에 동의했다. 지상으로 돌아온 시시포스는 지하세계로 다시 돌아갈 의도가 없었다. 그리고 다시 한 번 신들은 그를 데려오려고 서둘렀다. 비록 타나토스 대신에 헤르메스가 보내지긴 했을지라도, 이제 시시포스에게는 영원한 형벌만이 기다리고 있었다.

타나토스와 헤라클레스

시시포스가 타나토스를 속이는 것은 가능했다면, 헤라클레스는 힘으로 죽음의 신을 제압했다. 아드메토스(Admetus) 왕은 몇 차례에 걸쳐 아폴론과 헤라클레스를 주신으로 존경했다. 결과적으로 아폴론은 아드메토스 왕에게 죽음의 신이 찾아오면 그 대신에 누군가가 죽음을 희생한다면 죽음을 피할 수 있는 운명이라고 약속했다. 타나토스가 할당된 시간에 아드메토스를 데리러 왔을 때, 왕은 그의 늙은 부모 중 한 명이 그를 대신해 희생해 줄 것을 기대했지만, 부모는 모두 죽기를 꺼려해서 그의 아내 알케스티스(Alcestis)가 그 대신 희생을 했다. 즉각 아드메토스는 아폴론에게 동의한 것을 후회했다. 그는 아내 없이 살기를 원하지 않았기 때문이다. 헤라클레스가 그들을 도와주러 알케스티스의 무덤으로 들어갔고, 거기에서 타나토스를 마주했다. 그들은 맞붙어 싸우기 시작했고, 결국 헤라클레스는 죽음이 알케스티스를 풀어주기를 압박하면서 타나토스를 꺾어 이겼다. 그렇게 해서 아드메토스와 알케스티스는 사는 동안 함께 행복하게 살 수 있었다.

〈잠의 신 히프노스와 죽음의 신 타나토스 Hypnos and Thanatos〉
존 윌리엄 워터하우스(John William Waterhouse, 1849~1917)
1874년, 캔버스에 오일, 72×92cm, 개인 소장

타나토스와 사르페돈

제우스의 아들 사르페돈은 리키아의 왕으로 벨레로폰테스의 딸 라오다메이아 사이에서 태어났다. 사촌 글라우코스와 함께 트로이 전쟁에 참여해 트로이를 방어하다가 죽은 영웅이다. 제우스는 그의 아들의 죽음에 깊이 상심하면서 타나토스와 잠의 신 히프노스(Hypnos)로 하여금 전쟁터에서 죽은 아들의 육체를 수습해달라고 요청했다. 전쟁터로 급파된 그들은 헤르메스가 보는 앞에서 시신을 수습하여 사르페돈의 고향 리키아로 귀환하였다.

인간의 친구, 프로메테우스

인간을 너무나 사랑한 죄

선견지명을 가진 티탄 신족의 후예

프로메테우스(Prometheus)라는 이름은 미래를 내다보는 지적 능력의 '선견지명(先見之明)'을 의미한다. 그러므로 프로메테우스의 이야기는 그리스 신화에서, 특별히 상상력에 있어서 매우 특별한 위치를 차지한다. 티탄 신족의 아들로서 그는 제우스가 숨겨둔 불을 훔쳐서 인간에게 선물함으로써 인류에게 엄청난 이익을 가져다주었을 뿐 아니라 인간에게 유용한 기술을 알려준 최초의 스승이었다. 하지만 프로메테우스의 인간에 대한 이 위대한 사랑은 종종 올림포스 신들 중 가장 힘세고 잔인한 리더 제우스와의 위험한 갈등을 불러일으켰다.

프로메테우스는 티탄 신족 이아페토스와 테미스 사이에서 태어났다. 비록 티탄 신족의 아들이고 그들과 동맹을 맺었을지라도, 그는 전쟁에서 승리를 위하여 제우스를 도왔다. 제우스의 아버지 크로노스가 이끈 티탄 신족과 제우스 및 그의 형제들이 한 편이 된 올림포스 신들 사이에서 일어난 전쟁에서 결과적으로 제우스는 그의 아버지를 왕위에서 끌어내리고 올림포스 산의 주신(主神)이 되어 통치를 시작했다.

〈황금시대 The Golden Age〉
루카스 크라나흐(Lucas Cranach the Elder, 1472~1553)
1530년, 캔버스에 오일, 75×103.5cm, 노르웨이 국립박물관 소장(노르웨이 오슬로)

헤시오도스의 《신들의 계보》에 따르면, 그리스 신화에서는 인간 종족의 시대를 황금시대, 은시대, 청동시대, 철시대로 구분하고 있다. 올림포스의 불사신들이 처음 만든 인간 종족은 황금 종족이었다. 그들은 크로노스가 하늘의 왕이었을 때부터 살았는데, 먹을 걱정 없고 전쟁도 없는 평화의 시대에서 모든 인간이 신처럼 살았다. 두 번째 시대인 은시대는 제우스가 크로노스를 지하세계인 타르타로스로 유폐시키고 세상을 지배한 시기다. 이 시기에는 대지의 여신 데메테르로 인해 겨울과 무더운 여름으로 나뉘었고, 대지에 씨앗을 뿌려 경작해야만 먹고 살았다. 청동시대에 이르러서 제우스는 날로 번창하는 인간 세상에 대해 두려움을 느끼고 인간에게 꼭 필요한 불을 감추어버린다. 이에 프로메테우스는 인간들을 너무 사랑한 나머지 인간에게 불을 가져다줌으로써 인간의 친구로 남았다. 불을 훔친 죄로 프로메테우스는 제우스의 형벌을 받게 되고, 제우스는 인간에게도 벌을 내리기로 결심한다. 그래서 그의 아들 대장장이 헤파이토스에게 여자를 만들게 하는데, 그녀가 인류 최초의 여자 판도라였다. 지금 우리는 죄악으로 가득 찬 철시대에 살고 있다고 한다.

인류를 위해 불을 훔치다

태초에 제우스와 프로메테우스의 관계는 사이가 좋은 편이었다. 그러나 프로메테우스가 인간에게 불을 비롯해서 많은 이로운 기술들을 가르쳐줌으로써 대지의 인간이 점차 번영함에 따라 제우스는 성장하는 인간의 힘에 대해 걱정하게 되었다.

제우스가 인류의 조력자 프로메테우스에게 처음으로 화를 내게 된것은 인간이 신께 드리는 제사에서 프로메테우스가 제우스로 하여금 희생물 황소의 가장 나쁜 부위를 선택하도록 속였을 때 일어났다. 프로메테우스는 내장이 있는 최상위 부위, 신선한 부위를 감추어둔 채 도살된 살찐 황소의 뼈를 포장해두었는데, 제우스는 이러한 사실을 눈치 채지못하고 살로 감추어진 뼈 덩어리를 선택했다. 반면 감추어두었던 신선한 살코기와 내장 부위는 배고픈 인간들에게 나누어주었다.

화가 난 제우스는 그 앙갚음으로 인류에게 가장 필요한 요소인 불을 감추어둠으로써 인간들은 말로 표현할 수 없는 끔찍한 일들을 겪게 된다. 그러나 프로메테우스는 곧 그들을 도우러 왔다. 그는 불의 신이자 장인들의 수호자인 헤파이스토스의 재단으로부터 불을 훔쳐 그것을 속이 빈 갈대 줄기에 숨겨 인간에게 주었다. 다른 자료에 따르면, 올림포스 산에 있는 신들의 난로로부터 불을 훔쳤다고도 전한다.

티탄 신족 1세대의 후손들	히페리온의 후손	헬리오스 (태양)	에오스 (새벽)		셀레네 (달)
	코이오스의 후손	레토 (모성)		아스테리아 (별자리)	
	이아페토스의 후손	아틀라스	프로메테우스	에피메테우스	메노이티우스

불을 훔친 혈벌

제우스는 신들의 우두머리인 자신을 모욕했다고 느꼈기 때문에 프로메테우스에게 모든 벌을 주기로 결정했다. 그래서 프로메테우스를 카프카스(또는 카우카소스) 산에 있는 바위 위에 사슬로 묶고, 그의 간을 사악한 독수리가 영원토록 먹게 하는 잔인한 고통을 주었다. 그의 간은 독수리가 다음 날 다시 행복하게 먹을 수 있도록 하기 위해 밤에 다시 자라났다.

이 끝없는 고통은 인간을 도왔다는 이유로 프로메테우스에게 주어진 형벌이었다. 그의 비명은 고통과 절망이었다. 심지어 올림포스에서 먼 곳에 있는 신들조차도 그 소리를 들을 수 있었고, 제우스 만족해했다. 이 또한 그의 적에 대한 경고였기 때문이다. 다른 전설에 따르면, 프로메테우스의 간은 시간의 종말 때까지 독수리의 일용할 양식이었다. 만약 위대한 영웅 헤라클레스가 그 독수리를 죽이지 않았다면, 프로메테우스의 고통은 결코 해방되지 않고 영원히 지속되었을 것이다. 그는 뛰어난 예지력으로 약한 인간을 도운 정의의 상징이자 불의와 억압에 무릎 꿇지 않는 저항 정신의 상징으로 자리 잡았다.

〈프로메테우스 Prometheus〉
귀스타브 모로(Gustave
Moreau, 1826~1898)
1868년, 캔버스에 오일
205 × 122cm
귀스타브 모로 박물관 소장
(프랑스 파리)

〈포박된 프로메테우스 Prometheus Bound〉
프란스 스나이더(Frans Snyders, 1579~1657)
피테르 파울 루벤스(Peter Paul Rubens, 1577~1640)
1611~1618년, 캔버스에 오일, 242.6×209.6cm
필라델피아 미술관 소장(미국 필라델피아)

루벤스와 프란스에 의해 그려진 그림과 모로의 그림에서 보여지는 프로메테우스는 각기 다른 느낌을 전달해준다. 루벤스의 그림에서는 독수리의 날카로운 부리와 발톱으로 인해 살점을 에이는 고통스런 몸부림에 주목했다면, 모로는 고통에도 불구하고 어떠한 역경도 뚫고 가겠다는 불굴의 의지를 가진 프로메테우스를 표현하였다. 흔들리지 않고 한곳을 응시하는 눈동자가 살아 있음을 느끼게 한다. 프로메테우스 머리 위에는 불꽃이 낙인처럼 드리워져 있다.

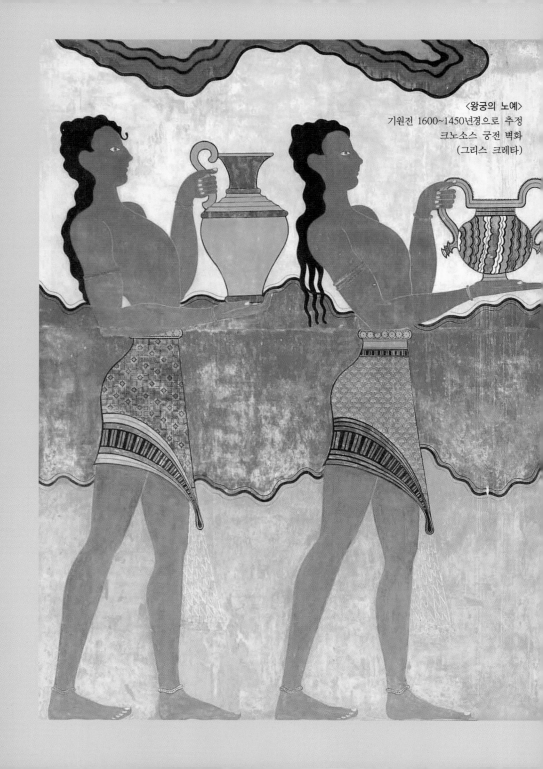

〈왕궁의 노예〉
기원전 1600~1450년경으로 추정
크노소스 궁전 벽화
(그리스 크레타)

2

신과 대지의
이야기

판도라의 상자

세상의 모든 악

판도라의 창조

프로메테우스가 인간에게 불을 가져다준 후 제우스는 프로메테우스에게 잔인한 형벌을 내렸고, 인간에게도 복수를 결심했다. 제우스는 아들인 대장장이이자 최고 장인 헤파이스토스에게 임무를 맡겼다. 신도 인간도 저항할 수 없는 매혹으로 아름다운 여성을 창조하라는 것이었다. 이 위업을 위해서 미와 사랑의 여신 아프로디테가 조각상의 모델로서 포즈를 취해주자 여성은 여신의 형상을 닮아 창조되었다.

여성은 흙과 물로 만들어졌다. 일단 몸이 준비되자 네 개의 바람으로 그 조각상에 생명을 불어넣었다. 그런 다음 그녀는 올림포스 모든 신으로부터 선물을 받았다. 아프로디테는 전대미문의 아름다움과 우아함과 욕망을 주었다. 전령의 신 헤르메스는 그녀에게 영악하고 간교한 마음과 능란한 혀를 주었다. 아테나는 그녀에게 은빛의 옷을 입혀주고 바느질과 옷 짜는 기술을 가르쳐주었다. 포세이돈은 그녀에게 진주목걸이를 수여하여 그녀가 물에 익사하지 못하게 해주었다. 아폴론은 그녀에게 악기를 연주하고 노래를 부르는 법을 가르쳐주었다. 제우스는 그녀에게 어리석고 게으른 본성을 주었다. 마지막으로 가장 중요한 헤라는 그녀에게 눈치 빠른 호기심을 주었다.

그렇게 해서 처음으로 죽을 수밖에 없는 운명의 여인이 태어났고, 그녀는 땅으로 내려갔다. 그녀의 이름은 신들로부터 '모든 선물을 받은'이라는 의미의 판도라(Pandora)라고 지어졌다.

제우스가 선물한 이상한 상자

전령의 신 헤르메스는 판도라를 땅으로 안내하면서 금으로 칠해지고 난해하게 조각된 상자를 하나 건네주었다. 그 상자는 제우스가 준 선물로 무슨 일이 있어도 절대로 열면 안 된다는 경고도 잊지 않았다. 가는 도중에 신들이 입는 주름 잡힌 적당한 옷을 입은 판도라는 프로메테우스의 이복동생 에피메테우스(Epimetheus)를 만났다.

에피메테우스는 언젠가 현명한 그의 형 프로메테우스로부터 제우스가 주는 선물은 어떠한 것이라도 절대 받으면 안 된다는 것을 들은 바 있었다. 프로메테우스는 제우스가 신들의 모임에서 신들의 왕을 속인 것에 대해 여전히 화가 나 있어서 복수를 시도하리라는 점을 잘 알고 있었다. 그러나 판도라를 본 순간 에피메테우스는 미친 듯이 사랑에 빠져 생각도 없이 그녀와 결혼할 것을 결심했다. 그는 진실로 그녀에게 매혹되었다. 에피메테우스의 이름에는 '뒤늦게 생각하는 자'라는 의미가 있듯이 그의 어리석음이 후에 인간에게 재앙을 가져올 줄이야….

그들을 축하하기 위해 결혼식에 도착한 헤르메스는 에피메테우스에게 판도라는 신들의 왕과 프로메테우스 사이에 더 이상 나쁜 감정이 없다는 의미로 제우스가 주는 화해의 선물이라고 말해주었다. 그는 또한 판도라가 가지고 온 금칠로 장식된 상자는 올림포스 왕 제우스의 결혼 선물이라고 말해주었다. 너무 쉽게 속아 넘어가 버린 에피메테우스는 헤르메스의 그 말을 진실로 믿었다. 불행하게도 프로메테우스의 충고는 전혀 귀 기울이지 않았다.

세월이 빠르게 흘러 두 사람은 행복한 결혼 생활을 이어갔다. 하지만 판도라의 마음의 뒤편에는 제우스가 그녀에게 준 상자에 대한 여전한 궁금증이 자리하고 있었다. 도대체 상자에는 무엇이 있을까? 그녀는 상자 안에 돈과 훌륭한 옷과 보석이 있을지도 모른다고 생각하고 있었다. 생각도 이유도 없이 어느 화창한 날 산책을 하면서 문득 과거의 그 상자가 떠오르자 부지불식간에 열어보자는 생각에까지 이르렀다.

매번 그녀는 자신에게 되뇌기를 결코 그 상자를 열어보지 않겠다고 맹세했다. 어느 날 헤라의 호기심이라는 선물이 작동하자 더 이상 궁금증을 참을 수가 없었다. 그녀는 살짝 상자 안을 엿보기로 결정했다. 주변에 아무도 없을 때 그녀는 황금 열쇠를 상자의 자물쇠 구멍에 끼어 넣었다. 그리고 열쇠를 천천히 돌리자마자 상자를 열고 잠깐 동안 뚜껑을 들어올렸다. 그녀가 상자 안에 무엇이 있는지 알기도 전에 경멸의 소리와 끔찍한 냄새가 그녀 주변의 공기 중으로 퍼져 나갔다. 두려움에 떨면서 그녀는 뚜껑을 아래로 쾅 닫았지만 때는 이미 너무 늦었다.

드디어 열린 상자

판도라는 제우스가 그 상자 안에 가두어두었던 모든 사악함과 악덕

〈판도라 Pandora〉
월터 크레인(Walter Crane, 1845~1915), 1885년, 종이에 수채, 53.5×73.5cm, 개인 소장

을 풀어놓고 말았다. 그때서야 비로소 그녀는 자신이 신들에 의해 작동
하는 위대한 게임에서 단순한 인질이라는 것을 이해했다. 제우스는 인
간에게 영원히 전염되는 모든 것들을 그 황금 상자 안에 숨겨놓았던 것
이다. 질병, 죽음, 혼란, 다툼, 질투, 증오, 기근, 열정…. 사방 모든 곳으
로 그 악들이 퍼졌다.

　판도라는 그녀 어깨 위에 세상의 무거움을 느꼈고, 황금으로 된 상자
가 녹이 슬고 끔찍하게 변해 있는 것을 보았다. 그런데 마치 그녀의 필
요성을 느끼듯이, 따뜻함과 평온을 느끼듯이 장막이 그녀를 감싸주자
그녀는 모든 것을 잃지는 않았음을 알았다. 많은 악의 감정을 따라 제
우스가 상자 안에 덫으로 잡아놓은 오직 선한 것, 그녀에게 알려지지
않은 희망 또한 풀려난 것이다. 인간이 모든 것이 끝났다고 절망을 느

끼는 순간, 희망은 역경을 극복하기 위해 영원히 인간과 함께할 것이다.

흔히 무슨 사건의 실마리가 열릴 때 우리는 '판도라의 상자'가 열린다고 표현하곤 한다. 이것은 모든 악을 해방시킨 판도라의 행동으로 인해 어떤 행동이 많은 악들을 도발적으로 흥분시킬 수 있다는 의미인데, 판도라 신화에서 이끌어낸 표현이다. 그러나 이러한 모든 악에도 불구하고 인간은 여전히 용기를 불러일으키는 희망도 가지고 있지 않은가.

판도라와 이브의 유사성

이 신화에서 우리는 기독교의 이브와 어떤 유사성이 있는 것은 아닌지 생각해볼 수 있다. 고대 그리스에서의 판도라와 마찬가지로 이브는 기독교 역사에서 대지의 첫 여성으로서 알려져 있다. 심지어 두 여성 창조물은 비슷한 창조의 과정을 거친다. 판도라는 흙과 물로 만들어졌고, 이브는 대지의 첫 남성인 아담의 갈비뼈로 만들어졌다. 또 다른 유사성은 그들 둘 다 신을 거역한 것이다. 판도라는 열면 안 된다는 상자를 열어 세상에 악을 풀었고, 이브는 아담을 유혹해서 선악과의 사과를 먹었다. 그리고 카인과 아벨을 낳음으로써 인류 최초의 살인이 일어나게 되는 악의 시작을 알렸다. 그리고 두 여성은 모든 죄로부터 자유로운 천상의 세계에서 살던 남자들을 불행하게 하고 파멸로 이끌어왔다는 것이다. 오늘날 그것은 여성 창조물이 세계의 모든 악의 전조(前兆)라는 ✢ 여성차별주의자(misogynist)들의 논거가 되는지도 모른다.

판도라와 이브는 인간 종족의 조상으로 여겨지고 있다. 그들의 호기심 때문에 이후 인간 세상은 저주를 받아 평화보다는 전쟁의 그늘 속에서 신음하게 된다. 하지만 진정한 반역자는 헤르메스와 헤라, 그리고 뱀

✢ **여성차별주의자**
흔히 여성에 대한 혐오와 멸시, 편견은 신화 시대로 거슬러 올라갈 정도로 그 역사가 오래되었다. 신화로 덧씌워진 여성에 대한 이미지는 오늘날도 여전히 이용되고 있다. 페미니즘은 이러한 여성차별주의자들에게 맞서는 여성운동으로 성장하였다.

〈판도라 Eva Prima Pandora〉
장 쿠쟁(Jean Cousin, 1495~1560)
1550년, 패널에 오일, 97.5×150cm, 루브르 박물관 소장(프랑스 파리)

매너리스트(Mannerist: 16세기 이탈리아의 지나친 기교주의적 화파) 화풍의 이 그림은 지적이고 자연적인 것과 반대되는 인공적인 것이 특징이다. 쿠쟁은 그리스 신화의 판도라와 기독교의 이브를 결합시켜 여성을 모든 악의 근원으로 묘사하였다. 왼쪽 손에서 항아리가 열리고, 오른 쪽 손에서는 이브가 먹었던 사과나무 줄기와 죽음을 상징하는 두개골이 있다.

일 것이다. 이들은 순진한 인간을 이간질하고 인류를 재앙으로 이끄는 역할을 했다. 그들의 꼬드김과 호기심으로 판도라의 상자가 열리고부터 세상은 점점 신과 함께했던 평화로부터 멀어졌고, 인류는 스스로 생존 을 위해 고통을 감내해야 했다. 판도라와 이브의 이야기에서 여성은 영 원히 모두의 가해자이자 속이는 존재로 보일 수 있다. 그래서 여성은 이 세상의 모든 악에 대해 비난할 수 있고, 어쩌면 이러한 여성의 운명 이 역설적으로 정의와 평화를 실현시킬 수 있음을 부각시켜주는 것은 아닐까. 그것이 판도라 상자에 남아 있던 마지막 희망이지 않을까.

이 작품은 제인 모리스를 그린 로세티의 초기 그림이다. 침울한 분위기로 걱정스러운 눈빛을 한 모리스를 판도라의 이미지로 보여준다. 왼손으로 잡고 있는 상자의 빈틈으로 유해한 붉은 연기가 뿜어져 나와 그녀의 치렁치렁한 머리를 감싸고 있다. 이 강렬한 그림은 전체적으로 붉은 색 톤을 유지하여 판도라의 욕망을 표현하고 있다. 붉은 입술, 붉은 가운, 붉은 상자 안에서 흘러나오는 붉은 연기로 판도라의 이미지를 강렬하게 각인시켜주었다.

동료 작가 윌리엄 모리스의 부인인 제인 모리스는 후에 로세티의 열정적 집착의 대상이 되어 그의 그림에서 영원한 뮤즈로 남았다. 그들은 죽는 날까지 연인 관계로 지냈으며, 제인은 영원히 로세티의 그림 속에 살아 있다.

〈상자를 잡고 있는 판도라 Pandora Holding the Box〉
단테 가브리엘 로세티(Dante Gabriel Rossetti, 1828~1882)
1871년, 캔버스에 오일, 131×79cm, 개인 소장

판도라와 판도라의 상자 이야기는 1850년에 비로소 그림으로 알려지기 시작해서 매우 유명해졌다. 이 이야기는 헤시오도스의 《노동과 나날들》에서 가장 풍부하게 소개되고 있는데, 이 책은 어려운 고전이어서 별로 대중적이지 않았기 때문에 알려지는 데 시간이 필요했다.

화가 워터하우스는 그리스 로마 신화와 전설이나 셰익스피어 등 문학 작품들을 소재로 그림을 그렸다. 이는 자연주의나 사실주의보다는 신화와 전설의 소재 속에서 인간 내면을 심층적으로 묘사했던 상징주의를 선호했기 때문이다.

이 그림은 황금칠을 하고 난해한 조각을 새긴 제우스의 선물 상자 앞에서 판도라가 억누를 수 없는 호기심으로 상자의 뚜껑을 열고 살짝 엿보려는 표정을 잘 잡아내고 있다.

〈판도라 Pandora〉
존 윌리엄 워터하우스(John William Waterhouse, 1849~1917)
1896년, 캔버스에 오일, 91×152cm, 개인 소장

페르세포네와 계절의 순환

슬프도다 그대여

하데스에게 납치된 페르세포네

판도라가 상자를 열어 온 세상이 악으로 퍼진 이후 대지에서 인간 종족들은 추운 겨울과 무더운 여름으로 변하는 계절의 의미를 겪어야 했고, 대지에 씨앗을 뿌려 경작하는 방법도 알아야만 했다. 무엇보다도 지하세계의 신 하데스(Hades)에 의해 납치되어 후에 지하세계의 여왕이 된 데메테르(Demeter)의 딸 페르세포네(Persephone)의 이야기는 자연의 죽음과 재탄생의 영원한 순환인 계절이 바뀌는 것을 설명하는 고대 그리스인들의 방법이다.

그리스 신화에 따르면, 지하세계의 여왕 페르세포네는 제우스와 그의 누이이자 대지의 여신 데메테르 사이에서 태어난 딸이다. 그녀는 소녀를 의미하는 '코레(Kore)'로도 불렸고, 많은 신들의 관심을 끌며 사랑스런 소녀로 성장했다. 하지만 데메테르는 자신의 딸에 대한 사랑에 집착이 심했고, 모든 남자들을 딸에게서 떼어놓았다.

페르세포네의 가장 완고한 구혼자는 지하세계의 신 하데스였다. 그는 죽음의 그림자에 둘러싸인 어둠 속에 사는 다루기 힘든 중년의 남자

〈하데스의 납치 The Abduction from Hades〉
앙투완 쿠아펠(Antonine Coypel, 1661~1722)
17세기, 캔버스에 오일, 62×75cm, 내셔널갤러리 소장(영국 런던)

였다. 하지만 그가 페르세포네를 보았을 때 그의 심장은 부드러워졌고, 그녀의 젊음과 미와 신선함에 놀라움을 느꼈다. 그가 데메테르에게 그녀의 딸과 결혼하겠다고 요청했을 때 데메테르는 격노했고, 그럴 일이 일어날 기회는 희박하다고 말해주었다. 하데스는 심장이 부서져 무슨 일이 있어도 페르세포네를 얻겠다고 결심했다.

어느 날 페르세포네가 계곡에서 그녀의 친구들과 꽃을 따서 놀고 있는 동안 그녀는 지금까지 본 꽃 중에서 가장 매혹적인 수선화를 보았다. 그녀가 그 꽃을 꺾으려고 멈추었을 때 갑자기 그녀의 다리가 벌려지고 대지가 열리더니 그 사이를 뚫고서 검은 말이 이끄는 전차를 타고

〈페르세포네의 운명 The Fate of Persephone〉
워터 크레인(Walter Crane, 1845~1915)
1877년, 캔버스에 오일, 122.5×267cm, 개인 소장

하데스가 나타났다. 하데스는 그녀가 도와달라고 외치기도 전에 그 사랑스런 소녀를 잡아채서 대지에서의 틈이 닫히는 전에 그녀를 지하세계의 왕국으로 데리고 내려갔다.

이 광경은 너무 빠르게 일어났기 때문에 주변의 다른 소녀들은 어떤 것도 보지를 못했다. 그들은 페르세포네의 갑작스런 사라짐에 대한 어떠한 실마리도 얻지 못했다. 그러나 이 전체 사건은 소녀의 아버지이자 유괴범의 형제인 제우스뿐만 아니라 태양의 신 헬리오스(Helios)에 의해 목격되어졌다. 제우스는 그의 형제와 갈등을 피하기 위해 전체 사건에 대해 침묵하기로 결정했다. 또한 지혜로운 헬리오스도 그에게 관심을 갖지 않는 어떤 일에 말려들지 않는 게 좋겠다고 생각했다. 그렇게 신들이 침묵하는 사이에 가여운 페르세포네의 운명이 결정되었다.

데메테르의 복수

딸을 잃은 슬픔에 완전히 정신이 나가고 심장이 부서진 데메테르는 딸을 찾기 위해 온 대지를 헤매었다. 이를 지켜본 출생과 주술의 여신 ✦헤카테(Hecate)는 모든 것을 내려다보는 태양신 헬리오스에게 도움을 청해보라고 충고해주었다. 헬리오스는 울면서 도와달라고 매달리는 데메테르의 간절함에 미안함을 느꼈다. 그래서 페르세포네가 하데스에 의해 납치되었다고 알려주었다. 데메테르가 그 소식을 들었을 때 그녀는 몹시 화가 났고 복수를 원했다. 헬리오스는 페르세포네가 죽음의 여왕이자 하데스의 아내가 되는 것도 그렇게 나쁘지 않다고 위로해주었다.

그러나 데메테르는 그렇게 되도록 내버려두지는 않았다. 그녀는 이 모욕에 격노했고, 죽은 사람들만을 동료로 가진 하데스가 사랑스런 딸을 위한 적절한 배우자가 아니라고 믿었다. 신들을 벌하고 슬프게 하기 위해 대지의 수확과 풍요를 책임지는 여신으로서 데메테르는 대지를 황폐화하기로 결심하고 무기한으로 그녀의 의무를 멈추기로 결정했다. 그녀의 복수로 대지는 마르기 시작했고, 수확물은 엉망이 되었으며, 작물들은 그 풍성함을 잃어버렸다. 동물들은 음식의 부족으로 죽어갔고, 기근이 전 지구에 퍼져 결과적으로 말할 수 없는 비참함에 이르렀다.

하데스의 속임수

고통 받는 사람들의 울부짖음이 올림포스와 제우스의 신성한 귀에도 도달했다. 마침내 하늘의 신 제우스는 만약 그녀의 분노에 대하여 무엇인가를 하지 않는다면 모든 인간들은 사라질 것임을 깨달았다. 그래서

✦ 헤카테

서로 등을 맞댄 세 개의 몸체를 지닌 삼신상(三身像)으로 표현되는데, 이는 대지의 여신, 달의 여신, 저승의 여신이 합친 모습이다. 기원전 8세기 소아시아에서 그리스로 건너온 여신으로 처음에는 출생의 여신으로 숭배되다가 그리스로 넘어와 마법과 주술이 여신이 되었다.

그는 데메테르를 진정시키면서 하데스를 만족시킬 또 다른 해결책을 찾으려고 했다. 그는 페르세포네가 자신의 의지에 반하여 억지로 하데스와 머물고 있다고 고백한다면 데메테르에게 페르세포네를 되돌려줄 것이라고 약속했다. 그런데 의외로 페르세포네는 남편 하데스와 살겠다고 지하세계를 선택했다. 교활한 하데스는 미리 이러한 협정을 알고 있었고, 절망하여 하루 종일 울면서 마음 내켜하지 않는 페르세포네를 속여 석류 열매의 씨앗 몇 개를 먹게 했다. 이 석류 열매는 지하세계의 음식으로 심지어 이 씨앗 몇 개만 먹어도 지하세계에서의 삶을 그리워하게 만드는 것이었다. 제우스가 머무는 장소 앞에 모두 모였을 때 데메테르는 페르세포네에게 어디에 살고 싶은지를 물어보았고, 그녀는 지하세계에서 남편과 살기를 원한다고 대답했다. 데메테르가 그 말을 들었을 때 화가 머리끝까지 차올라 딸을 속인 하데스를 고발했다.

계절의 영원한 순환

이 위대한 싸움은 계속되었다. 데메테르는 결코 다시는 대지를 기름지게 하지 않고 대지의 모든 사람들을 죽게 만들겠다고 협박했다. 이 싸움의 끝을 보기 위해 제우스는 또다시 하나의 제안을 꺼냈다. 페르세포네가 지하세계에게서 그녀의 남편 하데스와 반년을 살 것이며, 올림포스에서 그녀의 어머니 데메테르와 반년을 지내도록 결정했다. 이 대안에 양쪽 어느 누구도 만족하지 않았다. 그럼에도 불구하고 그것을 받아들이지 않고는 다른 대안이 없었다. 그렇게 해서 사랑스런 페르세포

〈사계절의 가면극 The Masque of the Four Season〉
워터 크레인(Walter Crane, 1845~1915)
1905~1909년, 캔버스에 오일, 76.2×139.7cm, 개인 소장

네는 지하세계의 여왕이자 하데스의 적법한 아내가 되었다.

　페르세포네가 지하세계에서 6개월을 보내는 동안 그녀의 어머니는 슬픔으로 풍요를 다룰 기분이 아니었다. 그래서 대지는 메마르고 황폐해져갔다. 고대 그리스에서는 땅이 비옥하지 않고 수확이 없는 가을과 겨울의 몇 개월이 있다고 한다. 그리고 페르세포네가 그의 어머니와 살기 위해 올림포스로 갔을 때는 데메테르가 행복감으로 햇빛을 비추고 땅을 다시 비옥하게 하여 열매를 맺게 한다. 이것은 봄과 여름의 몇 개월에 해당한다. 그러므로 이 신화는 계절의 변화, 자연의 죽음과 재탄생의 영원한 순환을 설명하기 위해 창조되었다. 페르세포네는 지하세계의 여왕이었지만, 계절의 순환을 알려주는 여신이기도 하다.

그림의 오른쪽 상단에는 이탈리아어로 로세티의 소네트가 새겨져 있다. 제인 모리스와의 이루어질 수 없었던 사랑을 페르세포네의 운명을 생각하며 14행의 시로 애절하게 읊고 있다.

차가운 활기를 띤 빛이 멀리 사라지고
이 벽 위에, 한 순간과 그 이상은 아닌
나의 먼 궁전 문에 허락된
엔나(Enna)의 꽃들이 이 황량함으로부터 저 멀리로
일단 맛본 비참한 과일은 여기 나를 노예로 만든다.
이 지옥의 슬픔으로부터 저 하늘 멀리로
오싹 소름이 돋는다. 이후 얼마나 멀리로,
밤이 지나 낮이 될 것이다.
보이는 나 자신으로부터 멀리로, 그리고 날개
생각 속 이상한 길들과 징후들을 들으며
여전히 어떤 영혼은 슬픈 사랑을 한탄하네
(내 안에서 기꺼이 가져온 느낌은 누구의 소리인가
계속 함께 중얼거리네
슬프도다 그대여, 불행한 페르세포네여)

— 로세티

〈페르세포네 Persephone〉
단테 가브리엘 로세티(Dante Gabriel Rossetti, 1828~1882)
1874년, 캔버스에 오일, 125.1×61cm
테이트 브리튼 미술관 소장(영국 런던)

〈페르세포네의 귀환 Return of Persephone〉
프레더릭 레이턴(Lord Frederick Leighton, 1830~1896)
1891년, 캔버스에 오일, 152.4×203.2cm
리즈 뮤지엄앤갤러리 소장(영국 리즈)

지혜의 여신, 아테나

불멸의 명성으로 남은 이름

신들의 논쟁

아테네(Athens)가 가장 강력하고 영광스런 고대 그리스의 도시였다는 것은 잘 알려져 있는 사실이다. 그곳의 주민들은 오늘날까지도 아테네를 훌륭한 시민사회로 발전시켜왔다. 그곳은 또한 지혜와 용기의 여신 아테나(Athena)로부터 그 이름을 가져온 도시로도 알려져 있다. 그런데 어떻게 아테네라는 이름을 얻었을까? 아테네라는 도시의 이름이 기원하게 된 매력적인 이야기가 신화에 전해져 내려온다.

반은 인간이고 반은 뱀의 꼬리를 가진 이상한 창조물 케크롭스(Cecrops)는 아티카(Attica: 고대의 아테네)의 첫 번째 왕으로 매우 아름답게 도시를 발전시킨 건설자였다. 그는 처음으로 신들을 위한 제단과 조각상을 세웠고, 신들에게 희생물을 바쳤으며, 문란한 성관계를 즐기고 있었던 사람들을 위해 결혼제도를 만들었다. 아크로폴리스(Acropolis: 옛 그리스 도시의 언덕 위의 성채)는 케크롭스의 이름을 따서 도시의 이름을 케크로피아

〈아테네에 대한 포세이돈과 아테나의 논쟁 The dispute of Athena and Poseidon over Athens〉, 메리 조세프 블롱델(Merry Joseph Blondel, 1781~1853)
1822년, 캔버스에 오일, 101.6×137.1cm, 루브르 박물관 소장(프랑스 파리)

심판관 제우스가 가운데 왕좌에 앉아 포세이돈과 아테나 여신을 중재하고 있다. 포세이돈은 삼지창으로 백마를 선물로 가지고 왔고, 아테나 여신은 올리브 나무를 가지고 왔다.

(Cecropia)로 이름 지었다. 시민들은 그를 존경하여 스스로를 케크로피디아 사람들이라고 말할 정도였다.

그런데 올림포스의 신들이 이 사랑스런 땅을 보았을 때 그들은 자신들의 이름을 따라 도시의 이름을 짓고 그곳의 수호자가 되기를 원했다. 가장 끈질긴 라이벌은 바다의 신 포세이돈과 지혜의 여신 아테나였다. 결국 그들의 논쟁을 해결하기 위해 제우스가 나섰다. 제우스는 그들 각자가 도시를 위한 선물을 만들어서 케크롭스 왕으로 하여금 무엇이 가장 좋은 선물인지를 결정하게 한 후 그로 인해 결정된 신이 그 도시의

〈포세이돈과 아테나 여신의 논쟁 The Dispute of Poseidon and Athena〉
르네 앙투완 우아스(René Antoine Houasse, 1644~1710)
1690년, 캔버스에 오일, 130×184cm, 루브르 박물관 소장(프랑스 파리)

수호자가 되는 것으로 해결책을 제시해 주었다.

포세이돈과 아테나 여신의 선물

어느 날 케크롭스와 그 도시의 주민들은 그들에게 선물을 주겠다는
신들을 보기 위해 높은 언덕으로 올라갔다. 먼저 포세이돈이 그의 선물
을 꺼내 들었다. 그는 자신이 들고 있던 삼지창으로 바위를 치고는 물
을 담은 우물을 만들어 땅으로부터 바깥으로 내뿜게 했다. 이것은 그가
물을 가진 시민들을 보장하는 것이고, 그로 인해 시민들은 가뭄에 직면

⟨포세이돈과 아테나 여신의 논쟁 The Dispute of Poseidon and Athena⟩
노엘 알레(Noël Hallé, 1711~1781)
1748년, 캔버스에 오일, 156×197cm, 루브르 박물관 소장(프랑스 파리)

하지 않아도 된다는 의미였다. 그러나 사람들은 사실상 그의 선물에 감동하지 않았다. 왜냐하면 이 물에서 소금맛이 났기 때문이다. 그도 그럴 것이 포세이돈이 통치하는 바다의 물맛과 똑같았던 것이다. 또 다른 버전에서는 말을 선물했다고도 한다.

다음으로 아테나 여신의 차례가 되었다. 그녀는 땅에 씨앗을 심었는데, 그것은 자라서 사랑스런 올리브 나무가 되었다. 시민들은 그들에게 음식과 기름과 장작을 제공하기 때문에 소금이나 말보다는 올리브나무 선물을 훨씬 더 좋아했다. 그들은 한 목소리로 자신들에게 여러 이익을 주는 아테나 여신을 크게 환호하였다.

아테나 여신은 손에 쥔 창과 발아래 투구로 상징화하였고, 포세이돈은 삼지창과 발아래 돌고래로 상징화하였다. 아테나 여신이 거만하게 손가락만으로 포세이돈을 누르고 있는 것으로 보아 아테나 여신의 승리를 짐작하게 한다.

이 그림에서 전경에 인물이 그려져 있고, 저 멀리 산과 도시가 아늑하게 보이도록 원근감으로 그려져 있는데, 이러한 기법을 '르푸소아르(repoussoirs)'라고 한다.

〈아테나와 포세이돈 Athena and Poseidon〉
벤베누트 티시(Benvenuto Tisi, 1481~1559)
1512년, 캔버스에 오일, 211×140cm
알테 마이스터 회화관 소장(독일 드레스텐)

'아테네'라는 도시 이름을 얻다

은화 동전에 새겨진 올빼미

그리하여 아테나 여신의 이름을 따라 도시의 이름을 '아테네'로 지음으로써 이후 불후의 명성을 얻게 된 것이다. 진실로 아테네 시민들은 그녀에게 헌신하는 수많은 영광의 사원을 세웠고, 그들의 수호자를 명예롭게 기리기 위해 축제를 조직했다. 부가 쌓이자 그들은 아테나 여신과 그녀의 신성한 새, 지혜의 상징인 올빼미를 동전 양면에 묘사하여 유통하였다. 무엇보다도 이 신화가 현실성을 가지고 있다는 것은 중요하게 보인다. 많은 올리브 나무가 오늘날까지 아테네 주변에서 발견되고 있어서 이 신화와 연관지어 생각해 볼 수 있다는 점도 흥미롭다. 그리고 포세이돈의 선물을 선택하지 않아서 포세이돈 신이 화풀이를 하는 것일까? 아테네 도시는 특별히 여름에는 심각한 가뭄의 문제에 직면한다고 알려져 있다.

아라크네와의 대결

지혜의 여신 아테나와 바다의 신 포세이돈

아테나 여신과 포세이돈의 대결만큼이나 흥미로운 신화는 아라크네(Arachne, 그리스어로 '거미'를 의미함)와의 대결이다. 그리스 신화에서 신들은 강력하고 인간은 순종적이다. 하지만 항상 그러한 경우만 있는 것은 아니다.

〈아테나와 아크라네 Athena and Arachne〉
틴토레토(Tintoretto, 1518~1594)
1543~1544년, 캔버스에 오일, 145×272cm, 팔라티나 미술관 소장(이탈리아 피렌체)

옛날 소아시아의 리디아라는 작은 마을에 아라크네라고 불리는 아름다운 여인이 있었다. 그녀는 베틀 짜는 기술에 능란했고, 아름답게 직물을 짤 줄 알았다. 그런데 직조 기술에 있어서 직물의 수호자인 아테나여신보다 자신이 훨씬 더 우월하다고 자만심으로 떠벌림으로써 아테나여신의 노여움을 사게 되었다. 아라크네는 심지어 아테나 여신에게 대결을 요청했다. 아테나 여신은 그녀와의 대결을 받아들였고, 그들은 직물을 짜기 시작했다.

틴토레토(Tintoretto, 1518~1594)의 〈아케나와 아크라네Athena and Arachne〉는 독특한 시점을 보여주고 있다. 이 작품은 기본적으로 천장을 장식하기 위한 8각형 구도로, 아래에서부터 꼭대기까지 특별한 투시화법으로 되어 있다. 보통 이 신화의 대표성은 아테나 여신이 신과 대결하려는 아라크네를 단념시키기 위해 늙은 여인으로 변장했을 때, 또는 두 경쟁자들이 직물을 짜고 있을 때와 관련하여 그려졌다. 이 그림에서 아테나 여신은 직물을 짜지 않은 채 존경심을 가지고 아라크네의 작업을 생각에 잠겨 바라보고 있다. 다른 한편 아라크네는 여신의 존재에 대해 무심한 채로 열심히 베틀을 작동하고 있다. 여기에서 아테나 여신은 직물산업의 축복을 상징적 이미지를 보여주고, 죽을 수밖에 없는 운명의 인간이 행하는 부지런한 작업을 존경하고 있는 듯하다.

이 대결에서 아테나 여신은 포세이돈과 싸우는 그녀의 대표적 이미지를 엮어냈다. 반면 아라크네는 올림포스의 신들과 제우스의 장난스런 모험을 엮어냈다. 하지만 불행하게도 과도한 자만심에 찬 아라크네에게 화가 난 아테나 여신은 아라크네를 거미로 변신시켜 나머지 일생 동안 거미집을 지으며 거미줄에 매달려 살도록 저주를 내렸다.

오! 일에만 매달리는 당신, 거미줄의 저주를 기억하라!

〈아라크네를 거미로 변신시키는 아테나 여신 Athena Changing Arachne into a Spider〉
안토니오 템페스타(Antonio Tempesta, 1555~1630), 1606년, 드로잉, 10.4×11.8cm

〈아프로디테의 탄생〉 세부
산드로 보티첼리
1485년, 템페라화
우피치 미술관 소장

3
신들의
사랑 이야기

에로스와 프시케

불멸이 된 사랑

운명적 만남

동서고금을 막론하고 수많은 사랑의 서사시가 있지만, 그리스 신화만큼 사랑에 대한 최고의 찬가는 없을 것이다. 헤시오도스의 《신화의 계보》에서는 태초에 카오스가 있었고, 그 속에 에로스(Eros)가 있었는데, 에로스는 사랑과 욕망을 주관했다. 그러므로 에로스는 크로노스와 제우스 이전의 신이었다. 후대에 와서 에로스는 사랑과 미의 여신 아프로디테(Aphrodite)의 아들로 등장하고, 대부분의 미술 작품에서도 아프로디테 옆에 날개 달린 에로스를 함께 그린다.

그리스어로 '영혼'을 의미하는 프시케(Psyche)는 심지어 사랑과 미의 여신인 아프리디테를 연상시킬 정도로 미에 있어서 빼어난 운명을 타고난 소녀였다. 프시케의 아름다움에 대한 소문은 먼 지역까지 퍼졌고, 그녀의 아름다움을 찬양하기 위해 수많은 남자들이 그녀를 방문했다. 하지만 이것은 아프로디테에게 극단적 질

〈아프로디테(비너스)와 에로스(큐피드) Venus and Cupid〉
람베르트 수스트리스(Lambert Sustris, 1515~1568)
1550년, 캔버스에 오일, 132×184cm, 루브르 박물관 소장(프랑스 파리)

투를 유발하게 하는 원인이 되었으며, 결국 여신은 그 소녀를 혼내주기로 결정했다.

아프로디테 여신은 화살을 맞혀 누군가를 사랑에 빠지게 할 수 있는 능력을 가진 자신의 아들 에로스에게 프시케가 지구상에 사는 가장 비열하고 야비한 생명체와 사랑에 빠지게 하도록 명령하였다. 그러나 에로스가 프시케를 보았을 때 너무 아름다운 모습에 반해 그만 사랑에 빠지고 말았다. 그는 도저히 어머니의 명령을 따를 수가 없었다. 그 대신에 침묵하기로 했다.

몇 년이 지나 프시케는 그녀의 아름다움에도 불구하고 결혼을 할 수가 없었다. 모든 남자들이 그녀의 황금빛 아름다움을 찬양하면서도 결혼은 다른 여인과 했던 것이다. 그의 부모는 델포이 신탁으로 가서 아폴론에게 도움을 요청했다. 신탁이 말하기를, 프시케가 검은 드레스를 입고 혼자서 높은 산맥을 올라 거기에 머물러야 한다고 말해주었다. 그런 다음 날개 달린 뱀이 그녀를 향해 오면 그의 아내로서 그녀를 취할 것이라고 했다. 프시케와 그녀의 부모는 신탁의 말을 따르지 않을 수 없었다. 그녀가 홀로 산에서 흐느껴 울면서 기다릴 때 신선한 바람의 신 ✛제피로스(Zephyrus)가 그녀를 끌어올려 장대한 궁전의 입구인 하늘을 향해 여행했다. 그곳에서는 달콤한 목소리가 그녀를 맞아주었고, 그녀는 집에 온 것처럼 평온함을 느꼈다.

✛ **제피로스**
그리스 신화에 나오는 바람의 신들 아네모이(Anemoi) 중 부드러운 서풍을 인격화한 신이다. 고대 그리스에서 제피로스는 봄의 전령이자 '씨앗을 자라게 하는 신'으로 숭배되었다.

사랑은 믿음 없이는 살 수 없다오

매일 밤 에로스는 어둠 속으로 와서 그녀 옆에 누웠다. 어둠 때문에 그를 볼 수 없었지만, 프시케는 그가 괴물은 아니고 그녀가 항상 바라는 대로 해주는 사랑스런 남편이라고 느낄 수 있었다. 프시케는 행복했다. 그러나 지상의 가족이 그리워지자 그들에게 미안함을 느꼈다. 그녀는 에로스에게 가족들을 볼 수 있도록 요청했고, 에로스는 그 소망을 기꺼이 들어주면서 그들이 말하는 내용에 신경 쓰지 않도록 경고했다. 만약 자신의 충고를 따르지 않으면 그들과의 관계는 파괴될 것이고, 프시케가 엄청난 고통을 겪을 것이라고 말해주었다.

다음날 프시케의 두 자매가 바람에 실려서 궁전에 도착했다. 그들은 동생이 여신처럼 살고 있는 것을 보고 순간 질투를 느꼈다. 그리고 그

〈에로스와 프시케 Eros and Psyche〉
프랑수아 에두아르 피코(François Edouard Picot, 1786~1868)
1817년, 캔버스에 오일, 40×48cm, 개인 소장

녀의 남편이 자신의 얼굴을 보지 못하게 하는 것은 신탁이 언급한 끔찍한 괴물이기 때문이라고 속삭였다. 갑자기 이 생각이 프시케의 마음을 사로잡았다. 왜 남편은 자신의 얼굴을 확실히 보여주지 않는지 이해할수 없었다. 그래서 프시케는 하나의 계획을 세웠다. 에로스가 그녀 옆에서 잠들어 있는 동안 촛불을 켜서 그를 바라보기로 한 것이다. 만약 그가 괴물이라면 칼로 그를 죽이고, 그렇지 않다면 행복하게 다시 잠에빠져들 것이리라.

그녀는 이 계획을 그날 밤 당장 실행했다. 촛불을 켜고 그의 얼굴 가까이 가지고 갔다. 밝은 빛 속에서 그의 아름다운 얼굴이 보였다. 이제

〈잠들어 있는 에로스를 보고 놀라는 프시케 Psyche Surprises the Sleeping Eros〉
루이 장 프랑수아 라그누네(Louis Jean Francois Lagrenée, 1725~1805)
1769년, 캔버스에 오일, 549×546cm, 루브르 박물관 소장(프랑스 파리)

안심하고 촛불을 거두어두려는 순간, 그만 뜨거운 촛농이 얼굴에 떨어
지는 바람에 에로스의 잠을 깨우고 말았다. 그는 즉각적으로 그녀를 떠
나면서 비탄에 잠긴 목소리로 말했다.

"사랑은 믿음 없이는 살 수 없다오."

프시케가 황급히 에로스의 뒤를 따라 나갔지만, 어디로 사라졌는지
어둠이 너무 짙어 어느 곳에서도 그를 찾을 수 없었다.

"오! 그대여 어디에 계시나요?"

위대한 사랑의 증명

무엇을 해야 할지 알지 못한 채 프시케는 아프로디테의 신전으로 가서 여신에게 그의 아들 에로스를 다시 돌아오게 해달라고 요청했다. 물론 아프로디테는 여전히 프시케에 대한 질투심으로 그녀에게 복수하기를 원했기에 프시케가 사랑하는 사람과 재결합하기 위해서는 자신의 사랑을 증명할 세 가지 불가능한 임무를 수행해야 한다고 말해주었다. 만약 세 가지 임무 중 한 가지라도 실패하면 에로스는 영원히 잃게 된다는 것이었다. 프시케는 지푸라기라도 잡고 싶은 심정으로 동의했고, 아프로디테는 그녀를 언덕 위로 데리고 갔다. 거기에서 여신은 프시케에게 밀, 보리, 수수, 기장, 그리고 다른 많은 곡물들을 품은 모래 언덕을 보여주며 말했다.

"오늘 오후에 이 곡물들을 모두 분리해야 한다. 만약 네가 그것을 할 수 없다면 나는 너에게 다시는 에로스를 보여주지 않을 것이다."

아프로디테가 떠나고 나자 프시케는 좌절했다. 이 임무는 모래언덕에서 바늘 찾기와 같았다. 어떻게 이 작은 씨앗들을 모두 분리할 수 있단 말인가? 그녀의 눈에서 눈물이 흘러내렸다. 바로 그때 개미떼가 지나가다가 절망에 빠진 그녀를 보았다. 이 가련한 소녀에게 연민을 느낀 개미들이 씨앗을 분리하는 일을 도와주었다. 점점 모래언덕이 작아졌고, 이를 지켜본 아프로디테는 분노를 폭발했다.

다음 날 아프로디테는 프시케에게 위험스러운 또 다른 일을 맡겼다.

"너는 저 무시무시한 폭포의 검은색 물을 이 병에 담아야 한다."

폭포에 도착한 프시케는 바위 주변이 미끄럽고 물줄기가 바위를 따라 급격히 쏟아져 내리고 있어 망연자실하고 있었다. 그때 독수리 한

〈지하세계를 안내하는 카론의 배에 탄 프시케 Psyche Embarks in Charon's Boat〉
마스터 어브 더 다이(Master of the Die, 생몰연대 미상)
1530~1540년, 판화, 20×23.5cm, 메트로폴리탄 박물관(미국 뉴욕)

마리가 날아왔다. 그녀에게 동정심을 느낀 독수리는 거대한 날개로 강
물 위로 날면서 그녀의 손에 있는 병을 그의 부리로 잡고는 병에 검은
물을 가득 채워서 프시케에게 되돌려주었다. 아프로디테는 냉정한 미소
를 띠며 인정해주었다.

"누군가 너를 도왔구나. 하지만 너 자신의 힘으로 임무를 수행한 적
은 없구나. 나는 너에게 너를 증명할 다른 기회를 줄 것이다."

아프로디테는 프시케에게 상자를 하나 건네주었다. 지하세계로 가서
죽음의 여신 페르세포네에게 요청해 그녀의 아름다움을 상자 안에 조금
흘러내리게 해서 담아 와야 하는 것이었다. 보통 때처럼 순종하며 프시
케는 하데스가 이끄는 길을 따라갔다. 그녀가 지하세계 문으로 들어갔

을 때 강기슭에는 보트가 매어 있었다. 거기에서 죽은 사람들이 떠나는 것이었다. 그녀는 뱃사공 ✛카론(Charon)에게 돈을 쥐어주면서 그녀가 어둠 속에서 페르세포네의 궁전으로 가는 길을 찾을 수 있도록 도와달라고 했다. 진실로 뱃사공은 그녀를 도왔고, 잠시 후 프시케는 페르세포네 앞에 있었다. 그녀가 페르세포네의 아름다움을 상자 안에 한 방울 흘러내려줄 것을 요청하자 페르세포네는 아프로디테에게 헌신하는 것을 기뻐하였다. 프시케는 그 상자를 가지고 기분 좋게 땅으로 돌아왔다. 하지만 상자를 아프로디테에게 주었을 때 여신은 매우 화를 냈다. 프시케가 모든 임무를 성공적으로 마쳤음에도 불구하고 아프로디테는 프시케가 하인으로 항상 자기 옆에 있어야 한다고 고함을 치기 시작했다.

〈황금 상자를 여는 프시케
Psyche Opening the Golden Box〉
존 윌리엄 워터하우스
(John William Waterhouse,
1849~1917)
1903년, 캔버스에 오일, 117×74cm
개인 소장

하데스의 왕비 페르세포네가 프시케에게 황금 상자를 건네면서 절대로 열어보지 말고 아프로디테에게 갖다 주라는 이야기는 원래 그리스 신화가 아니라, 2세기경 로마 시인 아풀레이우스가 쓴 《황금 당나귀》라는 책에 실린 일화 중 하나이다. 금기를 깨고 호기심으로 상자를 연 프시케는 죽음과 같은 깊은 잠에 빠지게 된다. 그제야 마음의 상처를 치유한 에로스가 프시케에게 나타나 화살촉으로 그녀의 옆구리를 찔러 깨웠다. 그 길로 제우스에게 찾아간 그들은 도움을 요청해서 아프로디테의 마음을 열게 하여 결혼에 이르렀다.

에로스와 프시케 93

불멸을 얻다

이 중대한 순간에 올림포스 신들은 이 잘못된 일들을 줄곧 지켜보고 있었고, 행동을 취하기로 결정했다. 그들은 전령의 신 헤르메스를 에로스에게 보내서 그의 아내가 모든 불행한 일들을 통과였음을 알려주었다. 에로스는 프시케에게 감동받아 상처받았던 배신감을 치유하고, 그의 방을 나와 어머니의 정원에 지쳐 누워 있는 프시케를 발견했다.

그 순간부터 에로스와 프시케는 장미와 다른 꽃들로 가득 찬 사랑스런 궁전에서 함께 행복하게 살았다. 프시케는 그녀에게 고통을 겪게 한 그의 어머니를 용서해주도록 에로스를 설득했다. 제우스는 그들의 결혼 선물로 프시케에게 영원을 살게 하는 신들의 음료 암브로시아를 맛보도록 허락했다. 심지어 아프로디테도 이제는 프시케가 에로스와 함께 하늘에서 살 수 있었기 때문에

〈프시케를 발견한 에로스 Eros Finding Psyche〉
에드워드 번 존스(Edward Burne Jones, 1833~1898)
1870년, 캔버스에 오일, 43.4×64.2cm
대영박물관 소장(영국 런던)

행복해했다. 그리고 인간들은 아프로디테가 프시케에게 행한 일들을 잊어버리고 진정한 미의 여신으로서 그녀를 다시 숭배하였다. 프시케가 아프로디테에게 인정받기까지 온갖 고초를 그린 이 신화는 고추보다 매운 시어머니의 시집살이로 회자되기도 한다.

〈에로스와 프시케 Eros and Psyche〉
프랑수아 게라드(François Gérard, 1770~1837)
1798년, 캔버스에 오일, 186×131cm, 루브르 박물관 소장(프랑스 파리)

위쪽 〈신들의 회의 The Council of the Gods〉와 아래쪽 〈신들의 향연 The Banquet of the Gods〉
라파엘로 산치오(Raffaello Sanzio, 1483~1520)
1517~1518년, 프레스코 천장화, 빌라 파르네시나 소장(이탈리아 로마)

16세기 르네상스 시기에 로마에 지어진 빌라 파르시나 저택에는 회랑을 따라 천장에는 프시
케와 에로스의 이야기가 그려져 있다. 〈신들의 회의〉 장면에서는 제우스가 올림포스의 신들을
불러 모아 회의를 하는 모습이 그려져 있다. 이 회의에서 프시케는 신으로 승격되었고, 제우
스의 명령에 따라 영생을 얻는 음료 암브로시아를 건네받게 된다. 맨 왼쪽에는 프시케가 헤르
메스로부터 음료수 잔을 받아드는 모습이 보인다. 아래의 〈신들의 향연〉은 프시케와 에로스의
결혼식 장면이다. 오늘의 주인공들은 가장 오른쪽에 앉아 있다.

〈에로스와 프시케의 결혼식 향연 The Wedding Banquet of Eros and Psyche〉 세부
줄리오 로마노(Giulio Romano, 1492?~1546)
1526~1528년, 프레스코화
테 궁전, 프시케의 방 소장(이탈리아 만토바)

〈에로스와 프시케의 결혼식 향연〉 중 결혼식에 도착한 헤르메스

아폴론과 다프네

월계수 나무의 전설

에로스를 조롱하다

이 매력적인 신화는 아폴론(Apollo) 신이 강의 신 페네오스(Peneus)의 딸이자 아름다운 물의 요정 다프네(Daphne)를 사랑하여 왜 플라토닉 (platonic : 에로스적인 육체적 사랑보다는 정신적 사랑을 추구하는 관념) 사랑으로 끝날 수밖에 없었는지에 대해 말하고 있다. 믿을 수 없을 만큼 아름다움을 지닌 다프네는 아폴론 신의 눈을 사로잡고 그의 첫사랑이 되었다. 하지만 다프네는 일생 동안 결혼하지 않고 남자에 의해 간섭받지 않고 살기로 결심했기 때문에 아폴론의 사랑에 응답하지 않았다. 그리스 신화에서 요정 또는 죽을 수밖에 없는 운명의 인간이 신의 사랑에 저항한다는 것은 일반적이지도 않고 가능하지도 않았다. 하지만 다프네는 이 사랑을 피하기 위해 그녀의 생명을 잃었다.

옛날에 태양의 신이요 시를 사랑한 신 아폴론이 어느 날 활과 화살을 다루는 에로스와 마주쳤다. 에로스는 활로 화살을 쏘아 사람들의 마음에 사랑을 일으키는 신이다. 당시 아폴론은 델포이 지역에 살고 있는 끔찍한 이무기와 싸워 이기자 승리에 도취되어 거만해 있었다. 아폴론

〈파르나소스 Parnassus〉
라파엘로 산치오(Raffaello Sanzio, 1483~1520)
1509~1511년, 프레스코화, 바티칸 박물관 소장(바티칸시티)

머리에 월계관을 쓴 아폴론 신이 파르나소스 언덕에서 아홉 명의 뮤즈들에 둘러싸여 있다.
월계관은 다프네를 기억하기 위한 아폴론의 상징이다.

은 사랑과 열정을 불러일으키는 에로스의 임무를 깎아내리면서 느닷없
이 에로스에게 자기처럼 힘이 센 신에게는 전쟁 무기들을 내려놓고 도
망가라고 말했다. 하지만 아폴론이 전쟁 무기로 오해한 에로스의 활과
화살은 에로스에게는 단순한 소일거리였을 뿐이었다.

에로스의 화살을 맞다

이 말은 완고한 에로스를 화가 나게 하였고, 그는 넉살 좋은 아폴론
에게 복수를 하기로 결심했다. 에로스는 파르나소스(Parnassus) 산의 바

위에 올라가 두 개의 화살을 당겼다. 하나는 날카롭고 금으로 화살촉이 장식되어 있었고, 다른 하나는 무디고 납으로 장식되어 있었다. 날카롭고 금으로 된 화살이 아폴론의 심장을 관통해서 강의 신의 딸이자 아름다운 물의 요정 다프네를 향한 사랑에 불을 붙였다. 한편 다른 무디고 납으로 된 화살은 다프네의 심장을 관통하여 사랑에 대한 강렬한 반감을 일으키도록 했다. 화살에 주문이 걸리자 아폴론은 미칠 듯한 사랑의 감정에 빠져 온갖 구슬림과 애원으로 그녀에게 사랑을 고백했지만, 그녀는 영광스러운 아폴론의 사랑을 거절하였다. 그녀는 자신을 얻기 위해 애쓰는 다른 모든 남자들도 비슷하게 혐오하였다.

〈아폴론 Apollo〉
니콜라스 레니에(Nicolas Régnier, 1591~1667)
1615~1667년, 캔버스에 오일, 157×116cm
에르미타주 박물관 소장(러시아 상트페트르부르크)

월계수 나무로 변신한 다프네

다프네의 거절에도 아랑곳없이 아폴론은 계속해서 다프네를 쫓아다니며 그녀에게 영원히 사랑한다고 말했다. 다프네는 끝내 아폴론의 사랑을 거절하였다. 결국 다프네는 순결성을 지키기 위해 아폴론으로부터 도망치기기로 결심하고 자신의 아버지 페네오스(다른 전설에서는 대지의 어머니)에게 도와달라고 요청했다. 이에 응답하여 페네우스는 다프네를 훌륭한 향기를 가진 작은 나무로 변신시켰다.

✦오비디우스(Publius Ovidius, B.C. 43~A.D. 17)는 그의 대표 저서

✦ **오비디우스**
고대 로마의 시인. 가장 유명한 작품은 《변신이야기》이다. 서사시 형식으로 쓰여진 15권의 작품으로 예로부터 전해져 내려오는 신화와 전설 속의 변신이야기를 다루어, 신화 집대성을 이루었다. 풍부한 상상력이 압권이다.

《변신이야기Metamorphoses》에서 요정이 나무로 변하는 변신의 순간을 세밀하게 묘사하였다. 머리카락은 잎사귀로, 허벅지는 나무껍질로, 발가락은 뿌리로 변하여 대지를 움켜쥐고, 두 팔에서는 가지가 뻗어 나왔다는 것이다. 이 나무는 월계수 나무로 그리스어 '다프네'로 불리었고, 후에 요정의 이름 다프네가 되었다.

다프네를 향한 아폴론의 집착적 사랑으로 인해 육신을 희생해 나무로 변신한 것은 아폴론의 성적 구애를 피하기 위한 유일한 길이었던 것처럼 보인다. 다프네가 월계수로 변신한 이후, 아폴론은 그녀에 대한 상실감으로 심장이 부서졌고, 이 신성한 나무로 옷을 만들어 입을 것을 맹세했다. 그렇게 해서 어떤 면에서 다프네는 영원히 아폴론과 함께 머물게 되었다. 또한 아폴론은 영원히 그녀를 기억하기 위해 월계수를 시에 헌신하는 상징으로 만들었고, 월계수관을 쓰는 것은 아폴론 신을 상징하는 대표적 이미지로 알려졌다. 어떻게 집착적 사랑이 플라토닉 사랑으로 변화했는지를 생각해볼 수 있는 드라마틱한 이야기이다.

〈나무의 요정 The Dryad〉
에블린 드 모건(Evelyn De Morgan, 1855~1919)
1884년, 패널에 오일 128.6×67.4cm
드 모건 재단 소장(영국 왓츠갤러리)

〈물의 요정과 나무의 요정 Naiads and Dryads〉
월터 크레인(Walter Crane, 1845~1915)
18세기, 종이에 수채, 24.3×16.5cm, 루브르 박물관 소장(프랑스 파리)

폴라이올로는 미켈란젤로, 다 빈치 등과 함께 15세기 피렌체에서 활동한 이탈리아 르네상스 학파의 한 사람이다. 이 그림은 다프네가 아폴론의 사랑을 피해 월계수 나무로 변신하는 이야기를 환상적인 동화 속 이야기로 보여준다.

〈아폴론과 다프네 Apollo and Daphne〉
피에로 델 폴라이올로(Piero del Pollaiolo, 1443~1496)
1470~1480년, 판넬에 오일, 29.5×20cm, 내셔널갤러리 소장(영국 런던)

오르페우스와 에우리디케

저승까지 찾아간 사랑

매혹적인 연주자

　가장 유명한 그리스 신화 중 하나로 오르페우스 (Orpheus)와 에우리디케(Eurydice)의 이야기는 궁극의 비극적 사랑이야기이다. 그들의 사랑은 페테르 파울 루벤스(Peter Paul Rubens, 1577~1640)나 니콜라스 푸생(Nicolas Poussin, 1594~1665)과 같은 중요한 화가들에게 많은 영향을 주었다. 더군다나 오페라와 노래와 연극 등 수많은 예술 작품이 다시 사랑할 기회를 잃어버린 이 연인들의 비극을 존중하기 위해 제작되어왔다.

　그리스 신화에서 오르페우스는 세상에서 가장 위대한 리라(lyre : 고대 그리스의 발현악기로 하프의 일종) 연주자였다. 천부적인 음악적 재능을 물려준 이는 그의 아버지 아폴론과 뮤즈(Muse: 예술과 학문

〈오르페우스와 동물들 Orpheus and Animals〉
파도바니노(Padovanino, 1588~1649)
1605~1650년, 캔버스에 오일, 167×109cm
프라도 미술관 소장(스페인 마드리드)

〈오르페우스와 가축들 Orpheus and Beasts〉
세바스티안 브랑스(Sebastian Vrancx, 1573~1647)
1595년, 패널에 오일, 55×69cm, 보르게세 미술관 소장(이탈리아 로마)

의 여신) 칼리오페(Calliope)라고 말한다. 그는 그리스의 북동쪽 부근 트라키아(Thracia)에서 살고 있었다. 오르페우스의 목소리는 사람들을 매혹시키는 힘이 있었다. 신화에서는 신이든 인간이든 어느 누구도 그의 음악에 저항할 수 없었고, 심지어 바위와 나무들도 그 가까이로 가기 위해 스스로 움직였다고 말한다. 그의 이상하고 황홀한 음악은 자연 너머의 것들로 사람들의 마음을 끌었고, 새로운 우주의 법칙으로 마음을 확장시키는 힘이 있었다.

그러나 음악적 재능과는 별개로 오르페우스는 또한 모험적인 성격의 소유자였다. 그는 목선 아르고(Argo)호의 원정에 참여했다고 한다. 그 원정은 황금 양털을 도둑질하고 콜키스(Colchis: 흑해 동쪽 해안의 고대 국가)를 획득하려고 떠난 ✝이아손(Jason)과 그를 추종하는 아르고호 영웅들의 항해를 말한다. 오르페우스는 항해 동안 리라를 연주했다. 그의 연주로 인해 황금 양털을 지키는 '잠 안 자는 용'을 잠들게 함으로써 이아손은 간신히 황금 양털을 획득할 수 있었다. 더군다나 오르페우스의 음악은 아름다운 목소리로 선원들을 홀려서 그들을 잡아먹는 이상한 여성 창조물인 세이렌(Siren)으로부터 아르고 호를 구해주었다는 신화도 전해진다.

첫눈에 반한 사랑

오르페우스는 젊은 시절 대부분을 목가적인 음악과 시를 추구하며 보냈다. 그의 뛰어난 연주 솜씨는 명성을 훨씬 넘어서서 많은 이들로부터 존경을 받았다. 인간과 마찬가지로 짐승들은 그의 음악에 매혹되었고, 심지어 무생물 물체도 그를 가까이에서 그리워할 정도였다. 이 젊고 잘생긴 연주자는 리라를 완벽하게 다루었고, 그 아름다운 선율은 멀리까지 청중들을 모이게 했다.

인간과 동물들이 모두 모인 어느 날, 그의 눈길이 나무 요정에게 향했다. 그녀는 에우리디케로 불리는 아름답고 부끄럼 많은 소녀였다. 그녀는 음악이 주는 아름다운 마법에 걸린 듯 그의 목소리에 반해 오르페우스에게 이끌렸다. 설명할 수 없는 무언가가 두 젊은이의 심장을 잡아당겼다. 그들은 진정 사랑에 빠졌으며, 한 순간도 떨어져 지낼 수 없었다. 얼마 후 그들은 결혼을 결심했다.

〈아르고호 The Argo〉 세부
로렌조 코스타(Lorenzo Costa, 1460~1535)
1480~1490, 패널에 템페라화
파도바 시립박물관(이탈리아 베네치아)

✣ 이아손과 아르고호

이아손(Jason)은 이올코스(Iolcus) 왕국의 적법한 왕의 계승자 아이손(Aeson)의 아들이었다. 아이손의 의붓형제인 페리아스(Pelias)는 이올코스의 왕위를 찬탈한 후 아이손의 후손이 보복할 것이라는 델포이 신탁의 두려움 때문에 이아손에게 불가능한 임무를 맡긴다. 그 임무는 콜키스의 땅에서 황금 양털을 구해오는 것이었다. 황금 양털은 제우스 신의 날개 달린 신성한 숫양의 가죽으로 잠들지 않는 거대한 용이 지키고 있었다. 이 엄청난 모험을 위해 이아손은 헤라클레스와 오르페우스를 포함한 그리스 최고의 영웅들을 모았고, 아르고라는 특별한 목선을 제작했다. 그렇게 해서 이아손과 아르고호는 그들의 여행을 시작했다.

항해 끝에 콜키스에 도착한 그들은 아이에테스(Aeetes) 왕에게 속아 위험에 빠지는데, 이때 아이에테스의 딸 메데이아(Medea)가 그를 구해주었다. 메데이아는 마법사였는데, 이아손과 사랑에 빠져 이아손이 황금 양털을 구하는 데 도움을 주고 그 대가로 결혼을 요구했다. 메데이아의 도움으로 무사히 황금 양털을 손에 넣은 이아손과 일행은 다시 콜키스를 향해 항해를 한다.

그러나 그들이 떠나기 전에 메데이아는 그녀의 의붓남동생을 죽였고, 그의 시신을 바다에 던졌기 때문에 아이에테스는 아들의 시신을 모으느라 그들을 추적할 수 없었다. 하지만 제우스는 메데이아의 잔인함에 화가 나서 아르고호에 많은 시련을 안겨주었다. 그들은 세이렌, 스킬라와 카리브디스, 탈로스 등 위험을 통과해야 했다. 이아손은 이 모든 장애물을 극복하고 고향으로 돌아온다. 이아손은 메데이아와의 약속을 지켜 그녀와 결혼하였고, 그녀의 도움으로 펠리아스 왕을 죽이고 왕위를 되찾았으며, 두 명의 아이를 낳았다. 10년 후 이아손이 코린토스의 공주 글라우케(Glauce)와 사랑에 빠지자 메데이아는 미칠 듯한 복수심에 불타서 두 아이를 죽이고 아테네로 떠났다. 이아손은 절망에 빠져 이제는 썩은 배 아르고호의 배를 발견하고 그 아래에 앉아 있다가 그 썩은 배의 나무껍질 한 조각이 떨어지는 바람에 죽음을 맞이하였다.

〈오르페우스와 에우리디케가 있는 풍경 Landscape with Orpheus and Eurydice〉
니콜라스 푸생(Nicolas Poussin, 1594~1665)
1650년, 캔버스에 오일, 124×200cm, 루브르 박물관 소장(프랑스 파리)

푸생은 로마의 고대 건축물과 그 주변을 둘러싼 자연 풍경을 열심히 사생하였다. 그의 풍경
화를 장식하고 있는 로마의 건축물들은 주제를 돋보이게 하는 고상한 배경이 되었다. 푸생
은 풍경화를 그리는 데 있어 자연을 있는 그대로 사용하지 않고, 자연을 변형하여 시적이고
이상적인 앙상블을 통해 상상력으로 아름답게 만든 나라로 우리를 이끌어간다. 그래서 인물
이나 서사적 내러티브가 없는 풍경화는 그린 적이 없다.

맑고 화창한 날씨가 그들의 결혼식을 밝혀주었다. 결혼의 신 히메나이오스(Hymenaios)는 그들의 결혼을 축복해주었고, 며칠 동안 시끌벅적한 환란의 축제가 이어졌다. 그로 인해 그들 주변은 웃음과 유쾌함이 끊이지 않고 가득 찼다. 여러 날들에 걸쳐 진행된 결혼식 축제가 끝나고, 이제 하객들은 여전히 손을 잡고 달콤한 눈빛을 교환하는 신혼부부를 떠나 자신의 집으로 돌아갔다.

에우리디케의 죽음

행복도 잠시 곧이어 커다란 그림자가 드리워져 모든 것들이 변하여 슬픔이 불행으로 이어졌다. 오르페우스를 경멸하고 에우리디케를 욕망한 한 남자가 있었다. 양치기 아르스타이오스는 아름다운 요정을 정복

〈에우리디케와 아르스타이오스 Eurydice and Aristaeus〉 세부
야코포 델 셀라이오(Jacopo del Sellaio, 1594~1665)
1475~1480년, 패널에 오일, 60×175cm, 보이만스반뵈닝겐 미술관 소장(네덜란드 로테르담)

할 계획을 꾸몄다. 그리고 그는 지나가는 젊은 부부를 수풀에서 기다리고 있었다. 연인들이 다가오는 것을 보였을 때 그는 느닷없이 그들에게 뛰어들어서 오르페우스를 죽이려고 하였다. 그러나 이 양치기의 움직임을 눈치 챈 오르페우스가 곧장 손으로 에우리디케를 잡아챘고, 그들은 숲을 향하여 무턱대고 달리기 시작했다.

추적은 계속되었다. 아리스타이오스는 포기할 생각도 늦출 생각도 없는 것 같았다. 한참을 달리던 중 갑자기 오르페우스는 붙잡고 있던 에우리디케의 손이 미끄러져 빠져 나가는 것을 느꼈다. 무엇이 일어났는지 알아채지도 못하는 사이에 그녀 쪽으로 돌아보니 이미 그녀의 눈이 죽은 것처럼 감겨 있고, 뺨도 창백해져 있었

〈에우리디케의 죽음을 한탄하는 오르페우스
Orpheus Mourning the Death of Eurydice〉
아리 셰퍼(Ary Scheffer, 1795~1858)
1814년, 캔버스에 오일, 소장처 미상

기 때문에 당혹감에 걸음을 멈추었다. 아리스타이에오스는 사건을 목격하고 떠났기 때문에 주변을 둘러보던 오르페우스는 그의 흔적을 찾아볼 수는 없었다. 몇 걸음 떨어져 오던 에우리디케는 그만 뱀의 둥지를 내딛었고, 독사에 물려 죽었던 것이었다. 그녀의 죽음은 눈치 챈 아리스타이에오스는 추격을 포기하고, 오르페우스의 행운을 저주하면서 사라졌다.

저승으로 아내를 찾으러 가다

사랑하는 아내의 죽음 이후 오르페우스는 더 이상 예전의 즐거운 사람이 아니었다. 에우리디케 없는 그의 삶은 아무 의미도 찾을 수 없고 끝난 것처럼 보였고, 그녀를 상실한 슬픔은 계속되었다. 미친 생각일지 모르지만, 그는 지하세계로 내려가 죽은 아내를 다시 데려오기로 결심했다. 그의 아버지 아폴론은 지하세계 하데스에게 아들을 받아들이고 그의 간청을 들어주라고 말해주었다.

리라를 들고 아름다운 목소리를 무기로 오르페우스는 하데스에게 접근하여 지하세계로 들어가게 해줄 것을 요구했다. 누구도 그를 막지 못했다. 죽은 사람들의 통치자 앞에 서서 오르페우스는 왜 자신이 이곳에 왔는지 감미롭고 불안한 목소리로 말했다. 그는 하데스 왕과 페르세포네 여왕 앞에서 에우리디케를 그에게 돌아오게 해달라고 리라를 연주하며 노래를 불렀다. 이 연주를 들은 누구나, 심지어 돌 같은 심장을 가진 사람이나 신들도 그의 목소리에 아픔을 느껴 거절할 수가 없었다. 하데스가 마음을 열어 눈물을 흘렸고, 페르세포네의 심장이 녹아내렸다. 심지어 지하세계를 지키는 머리가 셋 달린 거대한 사냥개 케르베로스(Cerberus)가 그의 앞발로 많은 귀를 막으면서 절망으로 짖어댔다.

오르페우스의 목소리는 결국 하데스를 움직였다. 하데스는 이 자포자기한 남자를 위해 에우리디케가 그를 따라 생명들이 살고 있는 지상의 세계로 가도록 약속했다. 그러나 모든 것이 그의 희망대로 원 상태로 돌아가기 위해서는 어떤 이유가 있더라도 에우리디체가 지하세계에 있는 동안에는 절대로 뒤를 돌아보아서는 안 된다고 경고했다. 그는 빛의 세상으로 데리고 가기 위해 잠시 그녀를 기다렸다.

〈오르페우스와 에우리디케 Orpheus and Eurydice〉
페테르 파울 루벤스(Peter Paul Rubens, 1577~1640)
1636~1638년, 캔버스에 오일, 194×245cm, 프라도 미술관 소장(스페인 마드리드)

오르페우스의 심장은 위대한 믿음이 함께했으며, 그의 노래는 즐거움으로 가득 찼다. 그는 사랑하는 여인과 다시 재결합한다는 즐거움으로 지하세계 바깥으로의 여행을 시작했다. 오르페우스가 지하세계의 출입구에 도착했을 때 그는 아내의 발자국소리를 들었다. 그는 주변을 돌아 그녀를 즉각적으로 안고 싶은 감정을 간신히 억누르고 있었다. 그리고 거의 지상의 출입구에 다가왔을 때 그의 심장이 빠르게 뛰기 시작했다. 그 순간 그는 생명의 세계로 발을 내딛었고, 이때다 싶어 에우리디체를 안으려고 고개를 돌렸다. 하지만 불행하게도 에우리디케가 지하세

〈저승에서 에우리디케를 데리고 나오는 오르페우스 Orpheus Leading Eurydice from Underworld〉
장 바티스트 카미유 코로(Jean Baptiste Camille Corot, 1796~1875)
1861년, 캔버스에 오일, 112.3×137.1cm, 휴스턴 순수미술 박물관 소장(미국 휴스턴)

계로 다시 한 번 빨려 들어가기 전에 단지 그녀의 섬광을 보았을 뿐이
다. 오르페우스가 그의 고개를 돌렸을 때 에우리디케는 여전히 어둠 속
에 있었고, 그녀는 태양을 보지 못했던 것이다. 간발이 차이였다. 하데
스가 오르페우스에게 경고한 대로 그의 사랑스런 아내는 죽은 사람들이
속해 있는 어둠의 세계로 다시 빨려 들어갈 수밖에 없었다. 고통과 절
망이 그를 흔들어대면서 슬픔에 휩싸인 그는 다시 지하세계에 접근했지
만, 이때 하데스는 그가 지하세계 안으로 들어오는 것을 결코 다시는
허락하지 않았다.

〈오르페우스와 에우리디케 Orpheus and Eurydice〉
카를 안드레아 오귀스트 구스(Carl Andreas August Goos, 1797~1855)
1826년, 캔버스에 오일, 102.5×85cm
덴마크 국립미술관 소장(덴마크 코펜하겐)

〈비통해 하는 오르페우스 Orpheus Mourning〉
알렉상드르 선(Alexandre Seon, 1855~1917)
1896년, 캔버스에 오일, 73×116cm, 오르세 미술관 소장(프랑스 파리)

에우리디케를 잃고 내가 무엇을 할 것인가?

에우리디케를 잃고 내가 어디로 갈 것인가?

에우리디케

에우리디케

오 신이여,

대답해주오.

에우리디케여, 나는 온전히 당신의 사람.

하늘도 땅에서도 어떠한 도움도 주지 않는구나!

에우리디케를 잃고 내가 무엇을 할 것인가?

에우리디케를 잃고 내가 어디로 갈 것인가?

— 글룩(Gluck)의 오페라 〈오르페우스와 에우리디케〉 아리아 중에서

오르페우스의 죽음

지상에서의 남은 날들은 황폐했다. 그는 에우리디케의 기억 속에 영원히 살면서 다른 여성들과의 관계를 스스로 단절시켰다. 트라키아의 여인들이 그의 마음을 사로잡으려고 노력했지만, 오르페우스는 그들의 노력을 헛되이 돌려버렸다. 그는 극단적 슬픔으로 인해 더 이상 즐거운 노래를 할 수 없었다. 그의 유일한 위로는 넓은 바위에 누워 있는 것이었고, 부드러운 미풍의 돌봄을 느끼며 열린 하늘을 바라보는 것이었다.

어느 날 디오니소스의 축제날 한 여인이 "저기 우리를 경멸하는 자를 보아라!"라고 외치며 그에게 창을 던졌다. 화가 난 여성들은 그에게 달려들어 그의 사지를 찢고, 그의 머리와 리라를 강물에 던져버렸다. 수면 아래에서 그것들이 떠오르며 슬픈 음악이 비통하게 흘렀다. 다행히 그의 산산조각 난 몸과 머리를 발견한 한 뮤즈가 오르페우스를 위해 적절한 장례식을 치러주었다. 그의 리라는 하늘에서 제우스에 의해 연주되었다. 그 후 사람들은 그의 무덤에서 음악이 흘러나온다고 믿고 있고, 그 가락은 여전히 애처로운 듯 아름답게 들린다고 한다. 그의 영혼은 지하세계에서 사랑하는 에우리디케를 찾아냈고, 열망하는 그의 팔은 마침내 그녀를 안을 수 있었다.

〈오르페우스의 죽음 The Death of Orpheus〉
에밀레 레비(Émile Lévy, 1816~1890)
1866년, 캔버스에 오일, 206×133cm
오르세 미술관 소장(프랑스 파리)

한 소녀가 강물에서 건져낸 오르페우스의 머리와 리라를 공손히 모으고 있다. 이 그림에서 모로는 육체의 가장 기본적인 열정과 영혼의 고양된 열망 사이의 서사적 다툼을 전달하고 있다. 오르페우스 이야기는 1850년에서 1860년대 사이에 유행했고, 상징주의적 예술가들의 주제로 선호되었다.

〈오르페우스의 리라 위에 그의 머리를 얹은 트라키아 소녀 Thracian Girl Carrying the Head of Orpheus on His Lyre〉
귀스타브 모로(Gustave Moreau, 1826~1898)
1865년, 패널에 오일, 154×100cm, 오르세 미술관 소장(프랑스 파리)

에코와 나르키소스

짝사랑의 비극

헤라의 저주

제우스는 다른 여성들 주변을 쫓아다니고 바람피울 시간을 갖기 위해서 에코(Echo)에게 재미있는 이야기로 그의 아내 헤라를 즐겁게 해주라는 임무를 맡겼다. 그녀는 남편의 이상한 낌새를 눈치 챘고, 에코를 제우스가 아직 건드리지 않은 애정의 대상이라고 잘못 생각하게 되었다. 질투심이 강하고 복수에 불타는 본성을 가진 헤라는 에코에게 주문을 걸어서 마지막 단어만을 따라하게 했다. 불쌍한 나무 요정 에코는 결코 다시는 자신의 말을 할 수가 없었다.

어느 날 아름다운 젊은 인간 남성 나르키소스는 사냥을 하다가 길을 잃고 그의 동료들과 떨어져서 숲을 헤매고 있었다. 나무 요정 에코는 헤라의 저주 때문에 슬픔을 느끼면서 나르키소스가 헤매던 똑같은 숲 주위를 배회하고 있었다. 그때 그녀는 나르키소스가 숲속을 거닐고 있는 것을 보았다. 순간 그녀는 그의 놀랄 만한 아름다움에 매혹되어 사랑에 빠졌다. 하지만 헤라의 저주 때문에 그녀는 그에게 말을 걸 수가 없었다. 그래서 그녀는 나무 뒤에 숨어서 적절한 순간을 참을성 있게

118

〈에코와 나르키소스 Echo and Narcissus〉
니콜라스 푸생(Nicolas Poussin, 1594~1665)
1627년, 캔버스에 오일, 74×100cm, 루브르 박물관 소장(프랑스 파리)

기다리며 그를 따라다녔다.

　어느 순간에 나르키소스가 그녀의 존재를 느껴 "여기 누군가 있어?"
라고 묻자 에코가 그의 마지막 말을 따라하며 "있어?"라고 대답했다. 나
르키소스가 그 말에 깜짝 놀라 주변을 살펴보았지만 아무도 없자 다시
한 번 "왜 나를 피하는 거야?"라고 말하였다. 에코는 나르키소스를 열심
히 따라 걸으면서 그의 마지막 단어를 따라 반복했다. 혼란스러우면서
반복적인 대화가 이어졌다. 그리고 마침내 나르키소스가 "나와서 얼굴
좀 보자"라고 그녀를 불러냈다. 그 말에 이제 기회가 왔다고 생각한 에
코는 나르키소스를 향하여 덥석 안기려 했다. 그러나 그 순간 나르키소
스는 소스라치게 놀라 나무 요정을 밀쳐내며 "차라리 죽는 게 낫겠다"

〈에코와 나르키소스 Echo and Narcissus〉
존 윌리엄 워터하우스(John William Waterhouse, 1849~1917)
1903년, 캔버스에 오일, 109×189cm, 워터 아트 갤러리 소장(영국 리버풀)

라고 말하고 그녀로부터 멀리 도망쳤다. 나르키소스가 자신을 피해 도
망가자 너무 창피함을 느낀 에코는 심장이 부서져 동굴로 숨어들어갔
다. 그녀는 비탄에 빠져 아무것도 먹지도 않고 한숨도 자지 않았다. 한
참 후 불쌍한 에코는 베고픔으로 점점 말라가더니 먼지가 되어 사라졌
고, 단지 그녀의 목소리만 남았다.

네메시스의 복수

나르키소스는 매우 아름다운 청년으로 많은 젊은이들과 소녀들의 흠
모를 받았으나, 그 누구의 마음도 받아주지 않았다. 자만심을 가진 사람
들을 응징하는 복수의 여신 네메시스(Nemesis)는 에코의 짝사랑을 받아

〈나르키소스가 꽃으로 변하다 Narcissus Change a Flower〉
니콜라스 베르나르 레피시에(Nicolas Bernard Lépicié, 1735~1784)
1771년, 캔버스에 오일, 88×140cm, 베르사유 구언 소장(프랑스 파리 근교)

들이지 않은 나르키소스에게 벌을 내리기로 결심했다. 사랑에 대해 보답 받지 못하는 것이 얼마나 큰 고통인지를 나르키소스에게 알려주려했다. 여신은 나르키소스로 하여금 에코가 죽은 동굴 근처 연못에 비친자기 자신과 사랑에 빠지게 만들었다. 결국 나르키소스는 사랑으로 비쳐진 자신의 모습을 떠날 수 없어서 그 자리에서 그만 굶어죽고 말았다. 하지만 그가 죽기 전에 나르키소스는 그의 모습을 보고 말하였다.

"안녕, 소년이여. 무조건 사랑하였노라."

나르키소스가 마지막 숨을 쉴 때 동굴로부터 에코의 목소리가 그의마지막 말을 반복했다. 이 날부터 에코는 동굴에서 마지막 단어나 문장을 여전히 반복하고 있다. 나르키소스가 죽은 그 자리에는 자기와 같은이름인 수선화(Narcissus) 꽃이 피어났다고 한다.

에코 현상과 나르시시즘

영화《인도로 가는 길》에서 영국 여성이 일련의 무리들과 인도 여행을 하게 된다. 여성이 호기심으로 동굴 속에 들어가게 되면서 사건이 발생한다. 그 동굴에서 울려 퍼지는 메아리로 울려 퍼지는 에코 현상은 여성에게 폐쇄공포증을 일으킨다. 뒤쫓아 온 인도 남성이 동굴 속에 쓰러진 여성을 찾아내어 그녀를 구해주었지만, 이러한 행동은 오히려 그가 여성을 성폭행했다는 억울한 누명이 되어 재판을 받기에 이른다. 결국 서로 소통하지 못하는 관계는 오해가 쌓이게 되고, 이 오해는 타자에게 다가가지 못함으로써 다시 우리 자신을 소외시킨다. 동굴 속 에코 현상을 통해 영화의 극적 반전을 이끌어나감으로써 에코 현상의 은유적 메타포를 영화는 잘 보여주고 있다.

〈나르키소스와 에코 Narcissus and Echo〉
플라시도 콘스탄치(Placido Costanzi, 1702~1759)
18세기, 캔버스에 오일, 136×99cm, 개인 소장

또한 물에 비친 자신의 환영을 사랑하는 자기 애착 증상을 흔히 '나르시시즘(narcissism)'이라고 하는데, 이 말은 프로이트(Sigmund Freud, 1856~1939)가 정신분석 용어로 도입한 뒤부터 널리 알려지게 되었다. 자기 자신에 대한 지나친 애착은 오늘날 종종 정신분석학적 대상이 되기도 하는데, 이 또한 소통과 애정의 결핍에서 오는 하나의 정신적 현상으로 분석하고 있다.

〈나르키소스 Narcissus〉
카라바죠(Caravaggio, 1573~1610)
1597~1599년, 캔버스에 오일, 110×92cm
국립고전회화관 소장(이탈리아 로마)

〈에코와 나르키소스〉 세부, 존 윌리엄 워터하우스

✢ **나르시시즘**

자기 자신에게 애착하는 자기애(自己愛)를 말한
다. 물에 비친 자신의 모습에 반하여 자기와 같은
이름의 꽃인 나르키소스, 즉 수선화가 된 그리스
신화의 미소년 나르키소스를 연상하여, 독일의
정신과 의사 넥케(Naecke)가 1899년에 만든 말
이다. 그러나 프로이트가 이를 정신분석 용어로
도입한 이후 널리 알려졌는데, 자기 자신이 관심
의 대상이 되는 정신적 상태를 이른다. 최근에 자
기애는 종종 자존감(self-esteem)이라는 의미로
도 사용되고 있다.

에코와 나르키소스 125

판과 시링크스

못생긴 목신의 사랑

그로테스크한 외모의 목신

그리스 신화에서 판(Pan)은 땅을 기름지게 하는 목신(牧神)이고 양치기들의 후원자이며 남성 사냥꾼이다. 그는 모든 야생과 목동, 산과 들의 자연을 관장하는 지배자였고, 전원의 요정인 사티에르(Satyr: 반은 사람이고 반은 염소로 머리에 작은 뿔이 났으며, 하반신은 염소의 다리를 하고 있다)의 우두머리였다. 일반적 이야기에 따르면, 그는 전령의 신 헤르메스(Hermes)와 나무 요정의 아들이었는데, 이마로부터 싹이 튼 뿔, 염소의 수염, 굽은 코, 뾰족한 귀, 그리고 염소의 발과 꼬리의 형상을 하고 세상으로 나왔다. 그러한 불쾌한 외모 때문에 그를 보자 그의 어머니는 경악하여 도망갔다고 한다.

그러나 헤르메스는 호기심 많은 어린 자손을 거두어 산토끼 가죽으로 그를 감싸서 올림포스에 있는 그의 군대로 그를 데리고 갔다. 어린 판의 그로테스크한 모습과 즐거운 익살스러움은 그를 모든 불멸의 신들,

〈판 Pan〉 세부, 워터 크레인(Walter Crane, 1845~1915)

126

〈판과 시링크스가 있는 강 풍경 River Landscape with Pan and Syrinx〉
얀 브뤼겔 2세(Jan Brueghel the Younger, 1601~1678)
페테르 파울 루벤스(Peter Paul Rubens, 1577~1640)
1626년, 패널에 오일, 58.2×98.6cm, 개인 소장

특별히 포도주의 신 디오니소스(Dionysus)와 함께 매우 인기 있는 인물로 만들었다. 그는 모두를 즐겁게 해주었기 때문에 그들로부터 판(그리스어로 '모든'을 의미함)이라는 이름을 부여받았다. 하지만 판의 인생은 몇몇 요정들과의 관계에서 거부당했다.

일방적인 사랑

판은 춤과 음악을 좋아하는 명랑한 성격이었다. 그는 요정들을 깊이 사랑했고, 그들과 함께 춤을 추고 음악을 연주했다. 그들 중 몇몇은 그의 명랑한 성격을 좋아했지만, 다른 몇몇은 그의 흉측한 외모 때문에 그를 증오하여 그로부터 달아났다. 그의 어머니조차도 태어난 것으로

충분하다고 선언할 정도로 그와의 관계는 복잡
했다.

갈대 나무의 영혼은 시링크스(Syrinx)라는 이
름의 요정에게서 생겨난다. 시링크스는 강의 신
라돈(Ladon)의 딸이자 사랑스런 나무의 요정이
었다. 어느 날 사냥에서 돌아오는 길에 판은 그
녀를 보고 한눈에 사랑을 느껴 그녀만을 원하
게 되었다. 그는 무슨 일이 있어도 그녀를 그의
것으로 만들기 위해 끈질기게 따라다녔고, 이것
은 그녀의 운명을 변화시키는 원인이 되었다.

목신 판의 일방적 사랑을 피하기 위해 시링
크스는 강의 요정들에게 자신을 갈대 나무로
변신시켜달라고 요구했고, 그녀는 갈대로 변신
하여 강 옆 다른 갈대들 사이에 숨었다. 하지만
판은 멈출 줄을 몰랐다. 그는 강 아래로 내려갔
고, 마침내 그녀를 발견할 때까지 모든 갈대를

〈파이프를 불고 있는 판 Pan Playing His Pipes〉
워터 크레인(Walter Crane, 1845~1915)
1913년, 종이에 수채, 41.5×29.8cm, 개인 소장

꺾기 시작했다. 시링크스를 놓친 아쉬움에 그는 갈대 나무로 변한 그녀
를 꺾어서는 갈대의 빈 관을 불기 시작했다. 그 갈대에서 아름다운 소
리가 나온다는 것을 알게 되자 그는 꺾은 여러 갈대들을 모아서 파이프
로 만들어 불면서 음악을 만들기 시작했다. 그가 만든 악기는 얼마나
아름다운 음악을 들려주는지! 그런 다음 그는 항상 그의 파이프를 지니
고 다니면서 다른 요정들과 춤을 출 때 그 파이프로 음악을 연주했다.
이것이 판파이프의 유래이며, 판파이프를 시링크스라고도 한다. 그는
이렇게 해서 영원히 사랑하는 요정 시링크스를 얻을 수 있었다.

〈사티에르 A Satyr〉
야코프 요르단스(Jacob Jordaens, 1593~1678)
1630~1645년, 캔버스에 오일, 135×176cm, 암스테르담 국립미술관(네덜란드 암스테르담)

패닉의 어원

뿔 달린 염소의 모습은 전형적인 사탄의 모습을 연상시키다. '당황'
과 '공황(恐慌)'을 뜻하는 영어 '패닉(panic)'은 '판적인 공포(panic
terror)'에서 유래하였다. 밤의 어둠과 적막 속에서 이상한 물체를 만나
면 당연히 공포심이 일어난다. 아마도 숲에서 그로테스크한 모습의 판
을 마주친다면 이러한 공포심을 느끼게 될 것이다. 더군다나 상대가 일
방적으로 쫓아오는 경우에 그 공포심은 더욱 커질 것이다. 판의 외모와
일방적인 사랑은 공포심을 불러일으키는 원인이 되었지만, 후에 그는
'모든' 자연의 일들을 관장하는 위대한 신으로 인정되었다.

〈사티로스에게 놀림당하는 디아나와 요정들 Diana and her Nymphs Surprised by the Faunus〉 세부
페테르 파울 루벤스(Peter Paul Rubens, 1577~1640)
1638~1640년, 패널에 오일, 124×314cm
프라도 미술관 소장(스페인 마드리드)

그리스의 목신이 사티로스라면, 로마의 목신은 파우누스(Faunus)이다. 그리스의 신 판과 동
일시되어 판과 마찬가지로 외모는 염소의 다리에 뿔이 나 있는 모습으로 상상되었다. 이러
한 원시적인 형태는 가축 떼를 보호하고 가축의 번식을 주관하는 힘을 가진 권능자로서 가
축 떼를 지키는 데 도움이 되었다고 믿어졌다. 고대에는 주요 신 중의 하나로 인정되었지
만, 후대에는 올림포스 신들보다 낮은 단계의 신으로 편입되었다. 춤과 여흥을 즐겨서 언제
나 디오니소스 신과 함께 나타나곤 한다.

〈요정의 죽음을 애도하는 사티로스 A Satyr Mourning over a Nymph〉
또는 〈프로크리스의 죽음 The Death of Procris〉
피에로 디 코지모(Piero di Cosimo, 1462~1521)
1495년, 포플러 나무에 오일, 65.4×184.2cm, 내셔널갤러리 소장(영국 런던)

아테네 왕 에레크테우스(Erechtheus)의 딸 프로크리스(Procris)는 바람의 왕 아이올로스(Aeolus)의 손자 케팔로스(Cephalus)를 남편으로 맞이하여 행복한 결혼생활을 하지만, 잘생긴 케팔로스를 사랑한 새벽의 신 에오스(Eos)의 저주로 인해 그들의 결혼은 비극적인 종말을 맞는다. 프로크리스는 케팔로스가 바람을 핀다고 오해하여 사냥 나간 남편을 몰래 숲속에서 지켜보다가 그녀를 동물로 오인해 던진 케팔로스의 창에 찔려 죽게 된다.
이 그림에서 여인의 죽음을 지키고 있는 남자는 염소의 다리와 뾰족한 귀가 난 사티로스다. 컬트적 기괴함과 동화적 이야기가 슬픔을 극대화하고 있다. 남편을 믿지 못한 것은 사랑이라는 또 다른 이름 질투였다. 죽어가는 슬픈 여성을 사티로스가 애잔하게 바라보고 있고, 여주인의 죽음을 목도한 개의 눈은 슬픔으로 잠겨 있다. 여인의 목에서는 창에 맞아 피가 흐르고, 그 피가 얼어붙은 대지에 흘러 푸른 잔디에 꽃을 피운다. 앞쪽 화면의 무거운 슬픔과는 달리 저 멀리 하늘을 나는 새들과 강가의 동물들은 너무나 평화롭게 보인다. 이 평화로운 풍경은 여인의 죽음을 더욱 슬프게 하는 배경이 되고 있다.

〈백합꽃 왕자〉
기원전 1600~1450년경으로 추정
크노소스 궁전 벽화
헤라클리온 고고학 박물관 소장
(그리스 크레타)

4

신화에서
역사로

페르세우스와 안드로메다

하늘의 별자리로 빛나다

안드로메다의 희생

오래전 아프리카의 에티오피아 왕국은 케페우스(Cepheus)로 불리는 왕과 카시오페이아(Cassiopeia)로 불리는 왕비에 의해 통치되고 있었다. 왕과 왕비에게는 안드로메다(Andromeda)라는 예쁜 딸이 있었다. 어느 날 왕비는 바다의 요정 네레이드(Nereid)들 앞에서 그녀의 아름다움에 대해 떠벌렸고, 이에 네레이드 요정들은 그녀의 오만함에 매우 화가 났다. 왜냐하면 그들은 세상에서 가장 아름다운 창조물이 자신들이라고 믿었기 때문이다. 그들은 바다의 신 포세이돈 아버지에게 카시오페이아를 제거해야 한다고 불만을 토해냈다. 바다의 신은 오만한 여왕을 포함해서 에티오피아 해안을 파괴하기 위해 엄청난 괴물을 보냈다. 자포자기한 왕은 델포이에 있는 아폴론 수호신에게 도움을 요청했다. 신탁은 안드로메다를 괴물에게 희생시키지 않고서는 어떠한 방법도 없을 거라고 충고해주었다. 결국 포세이돈을 달래기 위해서 케페우스와 카시오페이아는 사랑하는 딸을 괴물의 먹이로 제공했다. 아름다운 안드로메다는 바닷가 바위 위 사슬에 묶였고, 이제 그녀의 운명을 기다리고 있었다.

〈안드로메다를 구하는 페르세우스 Perseus Rescuing Andromeda〉
파올로 베로네세(Paolo Veronese, 1528~1588)
1576~1578년, 캔버스에 오일, 260×211cm
렌 미술관 소장(프랑스 렌)

〈다나에 Danae〉
안토니오 다 코레조(Antonio da Correggio, 1489~1534)
1531~1532년, 캔버스에 오일, 161×193cm, 보르게세 미술관 소장(이탈리아 로마)

신탁의 예언

그때 위대한 영웅 페르세우스(Perseus)는 날개 달린 말 페가수스
(Pegasus)를 타고 하늘 높은 곳에서 날아가고 있었다. 페르세우스는 반
신반인으로 제우스와 다나에(Danae)의 아들이었다. 다나에는 아르고스
(Argos)의 왕 아크리시오스(Acrisius)의 딸이었는데, 아크리시오스 왕은
딸이 낳은 손자에 의해 살해당할 것이라는 신탁의 예언을 듣고 두려움
을 피하기 위해 다나에를 아무도 접근할 수 없는 청동탑에 가두었다.

하지만 청동탑에 갇힌 다나에를 하늘에서 눈여겨보던 제우스는 황금비로 변신하여 다나에에게 접근하였고, 그렇게 해서 낳은 아들이 페르세우스이다.

페르세우스가 태어나자 아크리시오스 왕은 딸과 손자를 나무 궤짝에 넣어 바다에 던져버리라고 명령하였다. 다행히 제우스의 도움으로 모자는 세리포스 섬 바닷가 해안에 무사히 도착하였고, 때마침 어부 딕티스(Dictys)가 이들을 발견함으로써 살 수 있었다. 성장한 페르세우스는 어느 날 이 섬의 왕이자 딕티스의 형제인 폴리데크테스(Polydectes) 왕의 명령을 받아 메두사(Medusa)를 죽이러 가야 하는 임무를 맡게 되었다. 폴리데크테스는 다나에와 결혼하려는 흑심이 있었는데, 페르세우스가 그의 접근을 막자 음모를 꾸며 그를 제거하려고 하였던 것이다.

메두사와 페가수스

뱀의 머리카락을 가진 메두사의 머리

페르세우스는 세 명의 괴물 같은 자매들 고르고네스(Gorgones) 중 유일하게 불사신이 아니라 죽어야 할 운명이었던 메두사를 죽이기 위해 찾아다녔다. 메두사의 머리 위에는 독사가 꿈틀대고, 그녀의 눈을 보기만 해도 어느 누구든 즉각적으로 돌로 변하였다. 원래 메두사는 아름다운 머리카락을 가진 여인으로 포세이돈의 연인이었다고 한다. 어느 날 포세이돈이 아테나 신전에서 메두사와 사랑을 나누다가 그만 아테나 여신에게 들켜 그 아름다운 머리카락이 실뱀으로 변해 끔찍한 괴물이 되었다고 한다.

〈아테나와 페가수스 Athena and Pegasus〉
테오도르 반 튈덴(Theodor van Thulden, 1606~1669)
1654년, 캔버스에 오일, 113.7×151cm, 개인 소장

　아테나 여신은 이에 그치지 않고 계속해서 메두사를 향한 복수에 집
착했다. 페르세우스가 메두사를 죽이려 했을 때 아테나 여신은 페르세
우스의 손을 잡아 그를 인도하였다. 페르세우스는 메두사로부터 시선을
돌린 채 청동 방패에 반사된 메두사를 응시하며 그녀의 머리를 베었다.
이로써 페르세우스는 영웅의 반열에 올랐다. 그리고 페르세우스가 아테
나 여신에게 바친 메두사의 목은 여신의 청동 방패에 장식으로 새겨졌
는데, 이는 여신의 용맹함을 상징한다.

　그리스 신화에서 가장 인상적인 창조물인 날개 달린 말 페가수스는
페르세우스가 메두사의 목을 벨 때 흘린 내린 피에서 생겨난 말이다. 메
두사는 페르세우스에게 목을 베일 때 이미 포세이돈의 아이를 임신하고

있었다. 페르세우스가 메두사의 목에서 머리를 베어내자 황금 칼을 쥔 용사 크리사오르(Chrysaor)와 페가수스가 솟아나왔다고 한다. 후에 페가수스는 올림포스로 올라가 제우스의 궁전에 살면서 제우스에게 천둥과 번개를 운반해주었고, 죽어서는 하늘로 올라가 별이 되었다고 한다.

하늘의 별자리로 남다

페르세우스는 메두사를 퇴치하고 고향으로 돌아가던 중이었다. 그때 에티오피아를 지나가는 중에 그는 안드로메다가 바위 위에 묶인 것을 보았고, 즉시 사랑에 빠졌다. 괴물이 안드로메다를 집어삼키려고 접근하자 용감한 페르세우스는 괴물과 싸우기 시작했다. 그들의 싸움은 오랜 시간 지속되었다. 마침내 페르세우스는 보기만 해도 돌로 변하는 메두사의 치명적인 머리를 괴물에게 보여주어 거대한 괴물을 돌로 변화시켜 섬으로 만들었다.

페르세우스는 안드로메다를 사슬에서 자유롭게 풀어주었고, 케페우스의 궁전으로 데리고 와서 결혼식을 올렸다. 페르세우스는 장인인 카페우스의 후계자가 되었는데, 그리스 역사가 ✛헤로도토스(Herodotos, B.C.484?~B.C.430?)의 《역사The Histories》라는 책에 의하면 페르세우스는 후에 페르시아 왕가의 조상이 되었다고 한다. 페르세우스와 안드로메다 사이에서 아들인 알카이오스, 스테넬로스, 헬레이오스, 메스토로, 엘렉트리온과 딸인 고르고포네가 태어났다. 그들은 행복하게 살았고, 안드로메다가 죽은 후 아테나 여신은 페르세우스와 카시오페이아 근처 북쪽 하늘의 별자리 사이에 안드로메다를 위치시켜주었다.

✛ **헤로도토스**
그리스 역사가. 키케로는 그를 '역사학의 아버지'라고 불렀다. 그의 저서 《역사》는 그리스와 페르시아 전쟁을 다룬 9권의 역사서이다. 그는 페르시아 전역을 여행하였으며, 고대 문명의 발상지 이집트를 여행하기도 했다.

페가수스를 타고 키메라와 싸우고 있는 벨레로폰

✛ 페가수스와 벨레로폰

벨레로폰(Bellerophon)은 그리스 신화의 위대한 영웅으로 그의 가장 유명한 공적은 키메라(Chimera: 키마이라)를 죽인 것인데, 염소의 몸과 뱀의 꼬리, 그리고 사자의 머리를 한 이 괴물은 불을 내뿜을 수 있었다. 벨레로폰은 코린토스의 왕 글라우코스와 에우리노메의 아들이었다. 벨레로폰은 날개 달린 하얀 말 페가수스를 타고 이 모험을 수행했다. 페가수스는 영웅 페르세우스에 의해 메두사가 참수당할 때 메두사의 피가 바다의 거품과 섞였을 때 태어났다고 한다. 당시 메두사는 포세이돈의 연인으로 페가수스를 임신했는데, 그의 아버지 포세이돈이 메두사를 유혹할 때 말의 형상을 했기 때문에 날개 달린 말로 태어났다고 한다. 어느 날 벨레로폰은 물을 마시고 있는 이 아름다운 동물을 보자 그 말을 길들이기로 결정했다. 아테나 여신이 그에게 황금빛 고삐를 주어 그를 도와주었기 때문에 그는 페가수스를 다룰 수 있게 되었다.

키메라가 살해된 후에 벨레로폰의 명성은 점점 커졌고, 그의 오만도 점점 커져갔다. 그는 이 엄청난 공적 때문에 신들의 산 올림포스로 날아갈 만하다고 느꼈으며, 페가수스와 함께 하늘의 길을 만들었다. 제우스가 그의 오만함에 화가 나서 등에를 쏘아 보냈는데, 이로 인해 그는 날아가는 말에서 떨어지게 되었다. 반면 페가수스는 계속해서 올림포스로 올라갔고, 제우스의 말이 되었다. 아테나 여신은 벨레로폰의 인생을 안타까워해서 그가 추락할 때 땅을 부드럽게 해 주었다. 그러나 위대한 영웅은 그의 남아 있는 인생을 불구자로 외롭게 보냈으며, 항상 날개 달린 말 페가수스를 그리워하며 보냈다.

〈키메라와 싸우기 위해 떠나는 벨레로폰 Bellerophon leaving to fight the Chimera〉
알렉산더 안드레이비치 이바노프(Alexander Andreyevich Ivanov, 1806~1858)
1829년, 캔버스에 오일, 74×55cm
러시아 국립박물관 소장(러시아 상트페트르부르크)

속죄하는 헤라클레스

자유를 위한 투쟁

헤라클레스의 광기

페르세우스의 자손인 알카이오스의 아들 암피트리온과 엘렉트리온의 딸인 알크메네는 결혼하여 쌍둥이 아들인 이피클레스와 헤라클레스(Heracles)를 낳았다. 그런데 이 쌍둥이 아들 중에서 제우스가 암피트리온의 형상으로 변장하여 3일 밤을 알크메네와 동침하여 낳은 자식이 바로 그 유명한 반신반인 헤라클레스이다. 헤라클레스가 태어난 날에 제우스는 "오늘 태어난 페르세우스의 자손이 그리스의 지배자가 될 것이다"라고 선언하자 남편 제우스와 다른 여자 사이에 태어난 헤라클레스를 질투한 헤라는 7개월의 에우리스테우스(Eurystheus)를 앞서 태어나게 하여 헤라클레스가 그를 섬기도록 하였다. 이후 헤라 여신의 헤라클레스를 향한 질투와 증오는 끝없이 이어져 그를 죽이기를 원했다.

성장하여 헤라클레스는 아테나 여신의 도움으로 전쟁에서 테베를 승리로 이끌었던 적이 있다. 이에 대한 보답으로 테베 왕 크레온은 헤라클레스에게 첫째 딸 메가라(Megara)를 맺어주었다. 메가라와 테베에서 세 명의 아들을 낳아 행복하게 살고 있던 어느 날, 헤라는 제우스의 약속대로 지배자가 된 에우리스테우스를 섬기는 것을 헤라클레스가 거부하자 술에 취한 그를 미치게 만들었고, 광기에 사로잡힌 헤라클레스는 자신의 아내와 아이들을 자기 손으로 죽여 버렸다.

제정신을 차린 후 헤라클레스는 자신이 저지른 잔인한 행동을 깨닫고 깊이 절망하여 어떻게 해야 속죄 받을 수 있는지를 묻기 위해 델포이로 떠났다. 아폴론의 신탁을 받은 무녀는 처자식을 죽인 죄를 씻으려면 아르골리스(Argolis) 지방의 티린스(Tiryns)로 가서 그의 사촌인 에우리스테우스 왕이 시키는 노역을 10년 동안 행하라고 말해주었다. 그러면 그 보상으로 불멸을 얻을 거라는 것이었다. 하지만 헤라클레스는 자신보다 열등한 에우리스테우스의 명령을 따르는 것을 죽기보다 싫어했지만, 아버지 제우스의 뜻을 거역하는 것을 두려워하여 결국 그는 그의 사촌이 시키는 노역을 수행하기로 결정하였다. 에우리스테우스는 헤라클레스를 완전히 복종시키기 위하여 불가능한 노역만을 골라서 강요했는데, 이것이 헤라클레스의 12가지 노역이다.

헤라클레스의 12가지 노역

첫 번째, 네메아(Nemea)의 사자를 죽이는 것이었다. 아르골리스에 전염병이 돌자 에우리스테우스는 네메아 계곡에 사는 사자를 죽이라고 명령하였다. 하지만 사자는 어떠한 무기도 뚫고 들어갈 수가 없는 괴물이었다. 헤라클레스는 결국 온몸으로 사자와 씨름한 후 그의 목을 부여잡았고, 사자의 피부를 잡아 늘려서 그 숨겨진 곳을 뚫고 들어가 죽일 수 있었다. 이후 헤라는 그 사자를 별들 사이에서 레오(Leo) 별자리에 위치시켰다.

두 번째, 머리 아홉 개 달린 히드라(Hydra)를 죽이는 것이었다. 히드라는 레르네(Lerna)의 습지에 출몰하던 머리 아홉 개 달린 거대한 물뱀이었다. 하지만 뱀의 머리를 베어도 죽지 않고 앞으로 튀어 올랐다. 그래서 그의 조카 이올라오스(Iolaus)의 도움으로 그는 잘려나간 나뭇가지를 뜨겁게 만들어 뱀의 떨어져 나간 머리를 지져 다시 살아나지 못하게 했다. 그 싸움에서 헤라클레

레르네의 히드라

스가 히드라를 잡고 공격하려 할 때 헤라는 이를 방해하기 위해 거대한 게를 보냈는데, 그만 헤라클레스에게 밟혀 죽었다. 이후 히드라와 게는 헤라에 의해 뱀자리와 게자리로서 별들 사이에 위치했다.

세 번째, 케리네이아(Cerynitia)의 사슴을 포획하는 것이었다. 케리네이아는 여신 이르테미스가 신성시한 황금 뿔을 가진 사슴이었다. 1년 동안 그 사슴을 쫓아다닌 후에 마침내 헤라클레이스는 아르카디아(Arcadia)의 아르데미시온(Artemision) 산에서 사슴을 잡았다. 여신 아르테미스는 헤라클레스와의 싸움 끝에 뿔이 부러진 그녀의 사슴의 상태에 대해 불평을 했다. 그럼에도 불구하고 그는 그녀를 설득해서 그의 화살로 사슴을 쏘아서 잡았다.

케리네이아의 사슴

네 번째, 에리만토스(Erymanthos)의 멧돼지를 포획하는 것이었다. 에리만토스는 서쪽 아르카디아의 농지를 황폐화시킨 거대한 멧돼지였다. 헤라클레스는 에리만토스 산에 깊은 겨울이 되어 눈이 내리자 멧돼지를 그물로 잡았다. 그리고 생포한 멧돼지는 그물에 묶어 에우리스테우스

에리만토스의 멧돼지

왕에게 되돌려 보냈다. 왕은 거의 죽어가는 짐승을 시야에서 보는 것을 두려워하여 안정상 묻은 대형 토기 항아리 속으로 뛰어들어갔다.

다섯 번째, 아우게이아스(Augeas)의 외양간을 하루 만에 치우는 것이었다. 아우게이아스는 엄청난 소떼를 가진 펠로폰네소스 서쪽 엘리스(Elis)의 왕이었다. 헤라클레스는 알페이오스(Alpheus) 강의 물을 끌어다가 청소를 했고, 오물은 나무로 씻어냈다. 그리고 왕에게 대가를 지불하라고 요구했지만, 왕이 거절하자 복수를 맹세했다. 노역이 완성된 후에 헤라클레스는 엘리스 왕국을 침략하기 위해 군대를 집결하였다. 처음에 아우게이아스 왕은 몇몇 동맹의 도움으로 헤라클레스 군대를 격퇴했지만, 곧 상황을 회복한 헤라클레스는 아우게이아스를 살해하고 엘리스 왕국을 정복하였다. 승리를 축하하기 위해 피사(Pisa) 마을 근처에서 올림픽 게임을 창설했다.

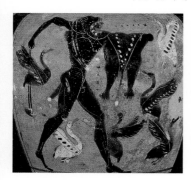

스팀팔리스의 괴물 새들

여섯 번째, 스팀팔리스(Stymphalis)의 괴물 새들을 죽이는 것이었다. 스팀팔리스 새들은 아르카디아의 스팀팔리스 호수에 출몰하여 사람들을 잡아먹는 새떼다. 헤라클레스는 그 호수 주변의 두꺼운 풀로 소리를 내서 새들을 깨운 다음 그의 화살로 그들을 쏘아 떨어뜨렸다. 그 새들은 헤라클레스의 화살이 있는 화살자리의 옆에 앉아 있는 독수리자리와 백조자리 별자리 사이에 위치했다.

일곱 번째, 크레타(Creta) 섬의 황소를 죽이는 것이었다. 크레타 섬의 황소는 포세이돈에 의해 바다로부터 뿜어져 보내진 잘생긴 수소였다. 크레타의 파시파에(Pasiphae) 왕비는 그

동물을 욕망하여 기술자 다이달로스(Daedalus)에게 부탁해서 만든 나무로 된 암소 안에 숨어 들어가 그 동물과 정을 통한 후 황소의 머리를 가진 미노타우로스(Minotaur)를 낳았다. 헤라클레스는 이 임무를 수행하기 위해 그 괴물을 자유롭게 풀어주고 결국 마라톤(Marathon) 마을 길목에서 찾아냈는데, 결국 영웅 테세우스에 의해 죽었다. 신들은 그 황소를 황소자리 별자리에 위치시켰다.

여덟 번째 디오메데스(Diomedes)의 암말을 훔쳐오는 것이었다. 디오메데스는 인육을 먹는 암말들을 키우는 트라키아의 야만적 왕이었다. 헤라클레스가 산 채로 그 짐승들을 포획하여 디오메데스 왕과 협상을 시작하는 동안 그의 젊은 하인에게 말들을 돌보고 있으라고 남겨두었다. 돌아와 보니 젊은 하인이 그 암말들에게 잡아먹힌 것을 발견하고는

디오메데스의 암말

화가 나서 디오메데스 왕을 죽이고 여전히 이상한 식욕을 가진 그 암말들에게 그의 송장을 먹으라고 던져주었다.

아홉 번째 아마존 여왕인 히폴리테(Hippolyta)의 허리띠를 얻어오는 것이었다. 히폴리테는 특별한 종류의 무기를 지니고 있었다. 그것은 가죽 벨트였는데, 전쟁의 신 아레스가 아마존 사람들 중에서 최고의 용사인 그녀에게 준 것이었다. 헤라클레스가 아마존에 도착했을 때 따뜻하게 환대받지는 못했지만, 엄청난 힘을 보여줌으로써 히폴리테는 그에게 허리띠를 주기로 동의했다. 그러나 헤라는 헤라클레스가 너무나 쉽게 승리해서 허리띠를 얻을 수 있는 것을 방해했다. 헤라는 아마존 사람들 중 한 사람으로 변장하여 헤라클레스가 그들이 여왕을 납치했다며 울면

서 그들에게 달려왔다. 아마존 사람들이 히폴리테를 구하러 배를 향하여 몰려왔다. 히폴리테가 그를 배신하는 것을 두려워하는 동안 헤라클레스는 그녀에게 간단한 작별 인사를 한 후 빠르게 그녀를 죽였다. 그리고 그녀의 몸에서 허리띠를 빼앗아서 화가 난 아마존 전사들을 피해 배를 출항시켰다.

세 개의 머리와 네 개의 날개를 가진 게리온

열 번째, 세 개의 머리와 네 개의 날개를 가진 괴물 게리온(Geryon)의 소떼를 데리고 오는 것이었다. 게리온은 세 개의 몸과 네 개의 날개를 가진 거인으로 에리테이아(Erytheia) 섬에 살고 있었다. 그는 일몰의 빛에 의해 붉게 물들이는 외피를 한 전설적인 소떼를 가지고 있었다. 헤라클레스는 태양신 헬리오스로부터 빌린 황금 보트를 노저어서 섬에 도착했다. 거기에서 그는 소떼 목동과 마주쳐 그를 죽이고 마침내 세 개의 몸을 가진 게리온을 얻었다. 이 임무가 완성되자 헤라클레스는 그 소떼를 그의 보트에 싣고 그리스 펠레폰네소스 반도로 그들을 데려다 놓았다.

열한 번째, 헤스페리데스(Hesperides)의 황금 사과를 훔쳐오는 것이었다. 헤스페리데스는 석양의 요정들로, 아이글레·아레투사(에리테이아)·헤스페리아(헤스페라레투사) 등을 말한다. 그들은 밤의 신 닉스의 딸들이거나 티탄 신족 아틀라스의 딸들이라는 설이 있다. 헤스페리데스는 결혼식 날 가이아가 헤라 여신에게 결혼 선물로 준 황금 사과나무를 돌보는 일을 하고 있다. 백 개의 머리를 가진 용이 그들을 도와주고 있었다. 헤라클레스가 용을 죽이고 그 귀중한 과일을 훔치자 헤스페리데스

〈석양의 요정 헤스페리데스의 정원 The Garden of the Hesperides〉
에드워드 번 존스(Edward Burne Jones, 1833~1898)
1869년, 캔버스에 오일, 119×98cm
함부르크 미술관 소장(독일 함부르크)

는 황금 사과를 빼앗긴 뒤 슬픔에 잠겨 나무로 변신하였다고 한다. 후에 헤라클레스는 황금 사과를 아테나 여신에게 바쳤고, 아테나 여신은 그것들을 원래 자리인 헤스페리데스의 정원에 도로 갖다놓았다. 나무 요정과 그들의 황금 사과는 제우스와 헤라의 결혼을 축복하는 현상으로서의 석양의 황금빛 재료로 여겨진다.

열두 번째, 하데스의 머리 세 개 달린 개 케르베로스(Kerberos)를 훔쳐오고, 다시 돌려주는 것이었다. 케르베로스는 지하세계의 문을 지키는 하데스의 사냥개로 죽은 사란들의 그림자가 도피하는 것을 막아섰다. 케르베로스는 뱀의 꼬리와 사자의 발톱을 가진 머리 세 개 달린 개로 묘사된다. 헤라클레스는 지하세계로 내려갔지만, 망각의 강을 건너는 뱃사공 카론이 생존자를 태우기를 거부하자 그를 협박하여 하데스의 궁전으로 건너갔다. 후에 카론은 헤라클레스를 도운 죄로 바위에 오래 묶여 있는 형벌을 받았다고 한다. 결국 헤라클레스는 여신 페르세포네의 도움으로 이 개를 데려오는 데 성공했다.

헤라클레스는 12가지 노역을 완벽히 수행함으로써 처자식을 죽인 살인죄에 대해 속죄를 하였고, 에우리스테우스의 죽을 것 같은 노역으로부터도 자유를 얻었다. 하지만 에우리스테우스 왕은 불가능한 위업을 모두 마친 헤라클레스에게 공포를 느껴 그를 아르골리스에서 추방하였고, 다시는 아르골리스에 나타나지 말라고 엄명을 내렸다. 이후 몇 번의 노역을 더 치르고, 새로운 출발을 위해 오이칼리아로 갔으나 다시 광기가 도져 그곳의 왕자 이피토스(Iphitus)를 살해하게 된다. 이 사건으로 아폴론의 신탁에 의해 소아시아에 위치한 리디아의 여왕 옴팔레(Omphale)에게 노예로 팔려가서 영웅으로는 참을 수 없는 온갖 모욕을 겪는 과정에서 사랑이 움터 그녀와 결혼하였고, 세 명의 아들을 두었다.

〈헤라클레스와 옴팔레 Hercules and Omphale〉
프랑수아 르무안(François Lemoyne, 1688~1737)
1724년, 캔버스에 오일, 184×149cm
루브르 박물관 소장(프랑스 파리)

천하의 영웅 헤라클레스는 여성의 옷을 걸치고 있고, 길쌈 도구를 들고 있다. 반면 옴팔레는
가죽을 걸치고 헤라클레스의 올리브 나무 몽둥이를 들고 있다. 그리스 신화에서 헤라클레스
가 이피토스를 살해한 죄를 씻기 위해 그녀에게 노예로 팔려왔을 때, 옴팔레는 헤라클레스에
게 여인의 옷을 입히고 물레질을 시켰다.

그리스 항아리에 묘사된 헤라클레스 이미지

흔히 헤라클레스를 묘사할 때는 사자 가죽을 걸치고 몽둥이를 든 모습으로 나타난다. 헤라클레스는 죽은 뒤 제우스에 의해 거두어졌고, 신들의 협의 끝에 그의 위업이 인정받아 올림포스 신으로 승격되었다. 그리스 역사에서 헤라클레스가 도리아인(Dorians)의 시조가 될 수 있었던 것은 제우스를 주신으로 섬기고 헤라클레스를 그의 아들로 만들었기 때문에 가능한 일이었다. 호전적 성향의 도리아인은 기원전 1100년에 그리스에 침입한 스파르타의 조상으로 알려져 있는데, 미케네 문명 시기에 그리스 주변부에 살고 있다가 그리스 문명의 전면에 등장하였다. 그들은 헤라클레스 후손들의 지휘 아래 그리스의 중심부인 펠로폰네소스 반도를 침략하여 미케네 문명을 멸망시켰다. 찬란했던 미케네 문명이 파괴된 이후 그리스는 암흑의 시대를 겪게 되고, 이 시기에 활약한 영웅들의 일화는 그리스 신화로 집대성된다.

그리스 본토를 점령한 도리아인은 그리스 본토를 세 지역으로 분할하는데, 그중 라케다이몬 지역은 헤라클레스의 후손인 프로클레스와 에우리스테네스의 몫이 되었고, 이것이 스파르타의 기원이 되었다. 그리고 이들의 후손이 아기스 왕가와 에우리폰 왕가를 형성하였고, 이후 스파르타의 왕위는 이 두 왕가의 후손들이 돌아가면서 물려받았다. 그래서 고대 그리스인은 도리아인의 남하 정주를 '헤라클레스의 자손의 귀환'이라고 일컬었다. 도리아인의 침략을 받아 이동한 미케네 문명의 주역이었던 아카이아인은 동쪽으로 밀려나 아테네를 도시국가로 성장시켰고, 이후 스파르타와 아테네의 경쟁이 지속되었다.

〈헤라클레스의 신격화 The Apotheosis of Hercules〉
노엘 쿠와펠(Noël Coypel, 1628~1707)
1700년, 캔버스에 오일, 185.7×151.2cm
베르사유 궁전 소장(프랑스 파리 근교)

헤라클레스는 죽은 뒤 제우스에 의해 거두어졌고, 신들의 협의 끝에 그의 위업이 인정받아
올림포스 신으로 승격되었다. 그리스 역사에서 헤라클레스가 도리아인의 시조가 될 수 있었
던 것은 제우스를 주신으로 섬기고 헤라클레스를 그의 아들로 만들었기 때문에 가능한 일이
었다는 것이 일반적 견해이다.

고대 그리스 역사 연표

연도	사건	내용
BC 3000	크레타(미노아) 문명	그리스 문명 이전에 크레타 섬에 청동기 문명이 발달하였고, 그리스 본토에 영향을 미쳤다.
BC 2000	첫 정착	그리스에 방랑 부족들이 정착을 시작하다.
BC 1600	미케네에 정착	청동기시대 그리스는 미케네 문명을 이루었고, 도시국가를 형성하였다.
BC 1194	트로이 전쟁 시작	그리스인들과 아틀라스 지역의 트로이인들 사이에서 전쟁이 일어나다.
BC 1184	트로이 전쟁 종식	그리스인들이 목마를 이용해 성에 들어감으로써 전쟁에서 승리하였다.
BC 1100	도리아(도리스)인 정착	미케네인들이 북쪽에서 온 철기 문명의 도리아인들에게 침략당했다.
BC 850	그리스 문자	페니키아 문자로부터 그리스 문자가 발전하였다.
BC 800	호메로스	호메로스가 《일리아스》와 《오디세이아》의 서사시를 쓰다.
BC 776	올림픽 게임	올림피아에서 올림픽 경기가 열린 첫 기록이 보인다.
BC 743	1차 메세니아 전쟁 시작	메세니아와 스파르타 사이에 의견 충돌이 전쟁으로 이어지다.
BC 724	1차 메세니아 전쟁 종료	1차 메세니아 전쟁이 스파르타의 승리로 끝나다.
BC 724	폭군의 성장	부유한 상인들에 의해 귀족 통치가 도전받았다. 폭군으로 알려진 그들이 귀족 계급을 장악했다.

BC 621	드라코(Draco)의 법령	이전에 구전으로 전해오던 아테네 법을 드라코가 가혹한 법으로 제정하였는데, 모든 죄인들이 죽음으로 형벌을 받았다.
BC 600	화폐	첫 그리스 동전이 나타나다.
BC 508	민주주의	아테네에서 민주주의를 시작하다.
BC 495	피타고라스	철학자이자 수학자 피타고라스가 죽었다.
BC 490	1차 페르시아 전쟁	페르시아를 급습한 그리스에 대한 보복으로 페르시아가 아테네를 침략했다.
BC 490	마라톤 전투	그리스가 마라톤 전투에서 페르시아를 패배시켰다.
BC 480	2차 페르시아 전쟁	페르시아의 왕 크세르크세스가 쳐들어옴으로써 2차 전쟁이 시작했다.
BC 480 8월~9월	테르모필레 전투	페르시아가 테르모필레전투에서 패배했다.
BC 480 9월	살라미스 전투	페르시아가 살라미스 전투에서 패배했다.
BC 432	파르테논 축조	파르테논 신전이 아테네에 세워졌다.
BC 431	펠로폰네소스 전쟁	아테네와 스파르타 사이에 주도권을 놓고 펠레폰네소스 전쟁이 시작하다.
BC 404	펠로폰네소스 전쟁 결과	아테네가 스파르타에 패함으로써 아테네의 민주 정부가 무너지고 30인 독재체제로 대체되었다.
BC 403	민주주의	아테네에서 민주주의가 회복하다.
BC 399	소크라테스의 죽음	철학자 소크라테스가 불경죄로 유죄를 받고 처형되었다.
BC 380	아카데미아 설립	소크라테스의 제자 플라톤이 아테네에 아카데미를 설립하다.

BC 359	필리포스 2세 즉위	필리포스 2세가 마케도니아의 왕이 되다.
BC 347	플라톤의 죽음	아카데미아의 설립자이자 《국가》의 저자 플라톤이 아테네에서 죽다.
BC 338	카이로네이아 전투	마케도니아의 필리포스 2세가 그리스를 정복하다.
BC 338	코린토스 연맹	페르시아에 대항하기 위하여 필리포스 2세가 그리스 국가 연합인 코린토스 동맹을 결성하다.
BC 336	알렉산드로스 대왕	필리포스 2세가 암살당하고, 그의 아들 알렉산드로스가 왕이 되다. 그는 후에 알렉산드로스 대왕으로 알려지다.
BC 335	리시움 설립	아리스토텔레스가 아테네에 철학학교 리시움을 세우다.
BC 333	페르시아 정복	알렉산드로스 왕이 페르시아를 정복하고, 페르시아 왕임을 선포하다.
BC 331	이집트 정복	알렉산드로스 왕이 이집트를 정복하고, 알렉산드리아를 수도로 만들다.
BC 332	알렉산드로스 왕의 죽음	알렉산드로스 대왕이 죽고, 아직 후손이 없었기 때문에 정복된 땅이 최고 장군들에 의해 분할되다.
BC 322	아리스토텔레스의 죽음	철학자이자 수학자이며, 알렉산드로스 대왕의 스승이었던 아리스토텔레스가 유보이아 섬에서 죽다.
BC 265	유클리드의 죽음	기하학의 창시자 유클리드가 죽다.
BC 212	아르키메데스의 죽음	수학자 아르키메데스가 시라쿠스에서 암살당하다.
BC 146	로마 제국	로마인들이 코린토스 전투에서 그리스인들을 패배시키고 그리스를 로마 제국에 귀속시키다.

테세우스의 모험

아테네의 민주주의를 이끈 영웅의 행적

아테네의 위대한 왕

테세우스(Theseus)는 고대 아테네의 위대한 영웅이었다. 그가 수행한 수많은 영웅적 행동들은 고대 아테네인들에게 그리스 민주주의의 요람 아티카(Attic: 옛 그리스의 아테네) 도시국가에서 민주주의의 탄생을 이끌었다고 묘사된다. 테세우스는 헤라클레스(Hercules)와 동시대인으로 묘사되곤 하는데, 이는 트로이 전쟁이 일어나기 이전 세대에 속한 것으로 추정할 수 있다. 다양한 종류의 악한과 무시무시한 괴물과 싸웠던 엄청난 업적은 어떻게 테세우스가 전제 군주를 제거하고 공포로부터 아테네인들에게 자유를 주었는지에 대한 비유적인 묘사라고 보아야 할 것이다. 그리고 이 비유적 이야기를 통해 힘이 약한 도시국가가 외국 세력에게 지급하던 공물을 어떻게 중단할 수 있었는지도 보여주고 있다.

아테네의 역사 이전 왕 중 한 명인 아이게우스

아이게우스 왕과 신탁의 무녀

(Aegeus)는 비록 두 번 결혼했을지라도 왕위를 이을 상속인이 없었다. 그래서 그는 축복을 내리는 델포이의 신탁에게 물어보려고 순례를 떠나게 되었다. 하지만 신탁으로부터 명백한 답변을 얻지 못함에 따라 그리스 남동부에 위치한 아르골리스 지방의 ✤트로이젠(Troezen) 왕인 피테우스(Pittheus)에게 충고를 구하러 찾아갔다. 피테우스는 박식하고 지혜로운 예언자로 알려져 있었다. 피테우스는 친구인 아테네 왕 아이게우스가 델포이에서 얻은 신탁의 의미를 간파하고는 그의 딸 아이트라(Aethra)를 아이게우스와 비밀리에 결혼시켰다.

✤ **트로이젠**
현재의 트리지나를 일컫는다. 그리스 펠로폰니소스 북동쪽 작은 마을로 고대에는 아르골리스 지방의 일부였다. 신화에서 이곳은 테세우스가 태어난 곳으로 여겨진다.

두 명의 아버지

결혼식 날 밤에 남편에게 거짓말을 한 아이트라는 달밤을 산책하며 해안가를 걷고 있었고, 거기에서 바다의 신 포세이돈을 만났다. 한밤중 달빛 아래에서 아이트라는 포세이돈에 의해 유혹되었다. 그래서 그녀는 테세우스를 임신하게 되었고, 테세우스는 죽을 수밖에 없는 인간의 운명과 함께 신성한 존재를 모두 지닌 인간으로 태어나는 축복을 받았다.

아이게우스 왕에게는 아내가 필요한 것이 아니라 왕위를 계승할 상속자만이 필요했기 때문에 그는 아들이 태어난 후 아테네로 돌아가기로 결정했다. 그는 아테네로 출발하기에 앞서 아이트라가 보는 앞에서 그의 소중한 검과 샌들을 엄청난 바위 밑에 숨겨두었다. 그리고 그의 아들이 자라서 바위를 굴릴 정도로 강인해질 때 왕족 혈통을 증명하는 이 증거물을 찾아내서 아테네로 보내라고 말했다.

테세우스는 트로이젠에서 어머니와 할아버지의 돌봄 아래에서 성장했다. 어려서부터 용감한 이 젊은 남성은 영웅 헤라클레스의 대단한 업

적과 겨루려는 야망을 불태웠다. 또한 많은 악인과 괴물을 물리치면 명성을 얻을 것이라고 생각했다.

아테네로 가는 길

드디어 적당한 때가 왔다. 아이트라는 아들을 운명의 바위로 이끌고 가서 그가 바위를 굴려 그의 아버지가 숨겨둔 검과 샌들을 찾아내도록 도왔다. 테세우스가 운명을 향한 그의 여행을 막 떠나려 할 때 피테우스는 그의 손자에게 길 위의 약탈자 무리를 피해 좀 더 짧고 안심하고 갈 수 있는 아테네로의 해안 루트를 알려주었다. 하지만 모험을 즐기고 이를 극복하는 것을 인생의 가치로 삼은 젊은 테세우스는 그 말을 듣지 않았다. 그는 사르코스 만 주변의 위험한 육로를 선택했고, 그곳에서 그는 생애 처음으로 엄청난 도전에 직면하게 되었다.

아테네로 가는 테세우스의 여정

〈테세우스와 아이트라 Theseus and Aethra〉
로랑 드 라 이르(Laurent de La Hire, 1606~1656)
1635~1636년, 캔버스에 오일, 141×118.5cm
부다페스트 미술관 소장(헝가리 부다페스트)

아이트라가 가리키는 바로 그 지점에서 테세우스가 무거운 바위를 들어 올리자 그 아래에 샌들과 검이 보인다. 이는 그가 아테네의 왕족임을 증명하는 증거물이 된다.

페리페테스

오래지 않아 테세우스는 그의 첫 번째 모험을
만났다. 아폴론 신과 의술의 신 아스클레피오스
(Asclepius)를 신성시 하는 에피다우로스에서 그는
불의 신 헤파이스토(Hephaestus: 제우스의 아들이자
올림포스의 대장장이. 판도라를 만든 신으로도 알려져 있
다)의 아들 페리페테스(Periphetes: 그리스어로 '유명
한'이라는 의미)를 만났다. 그는 철곤봉으로 여행자
들의 뇌를 박살내곤 했다. 그의 할아버지 피테우

테세우스와 악당 페리페테스

스가 이미 페리페테스의 인상을 묘사해주었기 때
문에 테세우스는 즉각적으로 그를 알아보았다. 괴물과 마주쳤을 때 테
세우스는 페리페테스 뒤로 가서 동전을 지불했고, 멍청한 괴물은 자신
의 철곤봉으로 자신의 뇌를 박살냈다. 용감한 테세우스는 전리품으로서
곤봉을 얻었고, 어떠한 방해도 받지 않고 코린트
해협에 도달했다.

시니스

해협에 사는 거주민들은 또 다른 위협에 직면
한 테세우스를 경계했다. 코린토스에서 아테네까
지의 길목을 지키던 악당 시니스(Sinis)는 이전 악
당보다 여행객들을 다루는 흥미로운 도구를 가지
고 있었다. 시니스는 두 그루 나무들 사이에 그의

테세우스와 악당 시니스

무력한 희생자의 다리를 하나씩 묶은 다음 나무를 땅으로 구부려 갑작스럽게 나무를 놓아버리는 방법으로 여행자들에게 공포심을 안겨주었다. 이 즉흥적 새총은 희생자들을 하늘로 세게 던지게 한 다음 땅에 떨어지게 해서 그들을 죽음에 이르도록 충격을 가하는 것이었다. 테세우스는 이 악당과의 대면에서 자신의 임무를 끝낼 충분한 시간을 가진 끝에 결국 시니스가 여행자들에게 저지르던 악행과 똑같은 방법으로 그를 살해하였다.

스키론

다음 발걸음은 메라가 마을 근처 해안에 위치한 절벽 '스케이로니아의 바위'였는데, 이곳은 아마도 가장 위험한 지역이었다. 거기에서 길은 극단적으로 좁은 통로로 구성되어 있다. 그러한 길에는 단지 한 번에 한 사람의 여행자만이 지나갈 정도의 길만이 세워져 있다.

테세우스와 악당 스키론

산은 스키론(Sciron)이라는 유명한 악당에 의해 통제되고 있었다. 그는 코린토스의 펠롭스(Pelops)의 아들이었다. 스키론은 그의 발을 씻기게 위해 여행자들을 '스케이로니아의 바위'를 통해 통과하도록 강요했다. 그리고는 여행자들이 그의 발을 씻기를 마치기도 전에 그는 몸을 구부린 그들을 발로 차서 절벽 아래로 떨어뜨렸다. 여행자들은 해안 아래에 떨어졌고, 엄청나게 큰 거북이의 먹잇감이 되었다. 그 거북이는 스키론에 의해 절벽에서 떨어진 사람들을 미친 듯이 탐욕스럽게 잡아먹었다.

테세우스는 즉각적으로 이 악당이 위험하다는 것을 이해했다. 그는 그 앞에 무릎을 꿇고는 스키론이 그를 찰 준비가 되었을 때 아무런 두려움도 없이 빠른 동작으로 그를 피하고, 그 앞에 놓인 금속 세숫대야를 움켜잡고는 그것을 머리 너머 시크론에게 힘차게 내던졌다. 시크론이 현기증을 느끼면서 중심을 잃고 결국 바다로 빠졌다. 거기에서 엄청난 거북이가 그를 먹어치웠다. 그런 다음 테세우스는 해안으로 내려가 거북이 또한 죽였다. 그는 방패로 거북이 껍질을 회전시켰던 것이다.

프로크루스테스

엘리우시나로부터 좀 더 멀리 떨어진 케피소스 강둑에서 테세우스는 아테네로의 여행에서 그의 마지막 모험에 직면했다. 테세우스와 대항하여 생명으로 주사위 놀이를 하던 마지막 악당은 '들보(Stretcher)'라는 닉네임의 프로크루스테스(Procrustes) 거인이었다. 이 친절한 악당은 여행자들을 환대하는 듯한 환상을 보여준다. 왜냐하면 그는 항상 하나는 너무 길고, 다른 하나는 너무 짧은 두 개의 철로 된 침대를 가지고 있었기 때문이다. 프로크루스테스는 키가 큰 여행자에게는 짧은 침대를 제공하고는 침대에 맞게 도와준다는 명목으로 침대 끝에 맞게 적당히 그들의 다리를 절단했다. 불행히도 긴 침대를 제공받았던 다리가 짧은 여행자에게도 똑같은 일이 일어났다. 그는 침대에 적당히 다리를 맞게 한다면서 그들의 다리를 늘려서

테세우스와 악당 프로크루테스

여행자들을 술에 취한 상태에서 끔찍한 고통으로 죽게 했다. 테세우스는 악당에게도 똑같은 고통을 주었다. 악당 프로크루스테스는 그의 불행한 희생자들처럼 짧은 침대에서 죽었다.

이 신화에서 '프로크루스테스의 침대'라는 구절이 유명하게 알려졌다. 이 이야기의 교훈은 어느 특정 기준에 개인을 획일적으로 맞추는 것을 경계하는 예로도 많이 인용된다. 침대라는 하나의 관념의 틀에 자신을 억지로 끼워 맞추다 보면 그 기준에 맞지 않을 때 개인은 이리저리 잘려 나갈 수밖에 없고, 이는 개인에 대한 폭력이 될 수 있다. 그래서 침대(관념, 제도, 방침 등)를 기준으로 개인(현실, 실재)을 맞출 것이 아니라 개인을 중심으로 융통성 있게 사건을 바라볼 필요성이 있음을 보여줄 때 자주 등장하는 표현이다.

마라톤의 황소

테세우스는 그의 아버지를 처음으로 마주쳤을 때 보여줄 그의 부권의 상징인 검과 샌들을 몸에 지닌 채 마침내 그의 목적지 아테네에 도착했다. 하지만 그는 주변 환경에 대해 익숙해질 때까지 그의 아버지 아이게우스 왕을 만나는 시점에 대해 연기하기로 결정했다. 똑똑하고 강인한 영웅이 됨으로써 그는 그 도시와 그곳의 왕에 대해서 살펴보기로 했다. 아테네에 머물면서 그는 아이게우스 왕이 무력하게 악녀 마법사 메데이아(Medea)에게 붙잡혀 있다는 뉴스도 들을 수 있었다.

그러나 메데이아는 그녀의 신비로운 힘을 통해 아테네에 나타난 이상한 젊은 청년의 정체를 알아챘다. 그리고 그녀는 자신의 아들 메도스(Medus)를 아테네 왕국을 계승할 후계자로 만들지는 못한 상태였다. 그

〈마라톤의 황소를 길들이는 테세우스 Theseus Taming the Bull of Marathon〉
카를 반 루(Carle Van Loo, 1705~1765)
1730년, 캔버스에 오일, 66×147cm, 로스앤젤레스 미술관 소장(미국 로스앤젤레스)

래서 그녀는 음모를 꾸며 나이든 왕이 아직 정체를 숨기고 있는 자신의
아들과 대항하도록 만들었다. 그것은 지방의 농부들을 위협하는 마라톤
의 황소를 잡기 위해 가장 순결한 상태의 젊은이를 보내는 것이었다.
그러한 우연적 살인의 방법으로 테세우스를 쉽게 제거할 수 있을 거라
고 생각한 음모였다.

마라톤의 황소와의 결투는 테세우스에게도 도
전정신을 불러일으키는 일이었다. 두려움을 모
르는 테세우스에게 마라톤의 황소를 붙잡는 것
은 별 일이 아니었다. 승리자 테세우스가 마라톤
황소의 죽은 사체를 가지고 아테네로 귀환했을
때, 메데이아에 의해 조정당하는 아이게우스는
여전히 그에 대한 의심을 떨치지 못하고 있었다.

테세우스와 황소

메데이아는 콜키스의 왕이자 태양신의 아들인 아이에테스의 딸로 아르고호 원정대를 이끌고 도착한 이아손에게 반해서 아버지를 배신하고 이아손이 황금 양털을 손에 넣을 수 있도록 도와준 뒤 그와 결혼하였다. 하지만 나중에 이아손이 자신을 배신하고 코린트의 왕 크레온의 딸 글라우케와 결혼하려 하자 글라우케와 크레온을 독살하고 이아손과의 사이에서 낳은 자신의 두 아들마저 제 손으로 죽여 이아손에게 복수하였다.

그 후 메데이아는 이아손을 떠나 테세우스의 아버지인 아테네 왕 아이게우스와 결혼한다. 테세우스가 찾아오자 그가 아이게우스의 자식임을 알아보고는 독주를 먹여 죽이려다가 실패하고 아들인 메도스와 함께 아테네를 떠난다. 메데이아는 지옥의 여신이자 모든 주술과 마술을 총괄하는 여신 헤카테를 숭배하는 마법사이기도 하다.

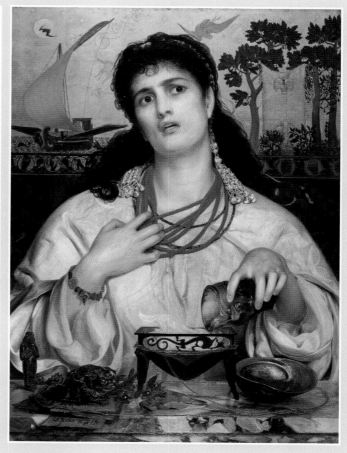

〈메데이아 Medea〉
프레데릭 샌디스(Frderick Sandys, 1829~1904)
1866~1868년, 나무 패널에 오일, 61.2×45.6cm
버밍엄 미술관 소장(영국 런던)

〈그의 아버지에 의해 깨닫게 되는 테세우스 Theseus Recognized by his Father〉
이폴리트 플랑드랭(Hippolyte Flandrin, 1809~1864)
1832년, 캔버스에 오일, 114.9×146cm, 에콜 데 보자르 소장(프랑스 파리)

그래서 그는 테세우스의 승리를 축하하는 축제일 동안 자신의 아들을 독약으로 살해하려는 마녀의 계획에 암묵적으로 동의하고 만다.

그러나 테세우스가 독이 든 와인을 막 마시려고 했을 때 아이게우스의 눈에 낯선 젊은이가 입고 있는 옷에서 검과 샌들이 떨어지는 것을 목격하게 된다. 아이게우스는 즉각적으로 그 젊은이가 오래전 트로이젠에 머물 때 아이트라와의 사이에서 태어난 자신의 아들임을 깨달았다. 그는 테세우스 손에서 독약이 든 와인 잔을 떨어지도록 부딪친다. 그리고 기쁜 마음으로 그의 신하들 앞에서 젊은이를 안으면서 그의 아들과 승리자로서 테세우스의 이름을 불렀다.

크레타 섬으로의 여정

　그러나 테세우스의 모험은 여기에서 끝나지 않았다. 그는 곧 아테네가 엄청난 비극에 직면하였음을 깨닫게 된다. 과거 10년 동안 아이게우스는 오랜 전쟁에서 패배 후 크레타의 미노스(Minos) 왕에게 야만스런 공물을 제공해왔었다. 10년에 걸친 그 전쟁은 크레타인들이 아테네인에 의해 죽은 크레타 왕의 젊은 아들 안드로겐(Androgens)의 살인자에게 복수하기 위해 시작된 것이었다.

　일곱 명의 소년과 일곱 명의 소녀로 구성된 공물은 인간의 몸에 황소의 머리와 꼬리를 가진 반인반수 미노타우로스(Minotaur)에게 잡아먹히기 위한 희생물이었다. 미노타우로스는 포세이돈의 저주로 미노스 왕의 왕비인 파시파에(Pasiphae)가 흰 소와 사랑에 빠져 나은 괴물이었다. 점차 성장하여 야성이 드러나자 미노스 왕은 그 괴물을 거대한 미로 궁전 라비린토스(Labyrinth)에 감금하였고, 산 사람들을 그에게 희생물로 제공하였다. 공물은 9년마다 크레타 섬으로 보내졌고, 아테네 귀족 가문에서 선발되었다. 인상적인 십자가로 된 길의 구조물인 미궁에서는 어느 누구도 빠져 나올 수 없었다.

　그의 아버지의 반대에도 불구하고 테세우스는 세 번째 공물이 보내질 때에 아홉 명의 소년 중 한 사람으로 위장하여 위험한 미션을 수행하기로 결정했다. 그는 배에 오르기 전에 그의 아버지에게 약속을 했다. 그가 임무를 마치고 승리해서 돌아온다면 보통의 검은색 돛 대신에 배에는 흰색 돛을 달 것이라고 말해주었다. 테세우스는 몇 가지 주의사항을 말한 후 그의 동료 소년과 소녀들과 함께 배에 탔다. 그는 그의 수호자이자 사랑과 미의 여신 아프로디테 여신이 그에게 충고해준 신탁의

〈테세우스와 아드리아네, 그리고 미노타우로스의 미궁 Theseus and Ariadne and the
Minotaur Labyrinth〉
크리스핀 반 데 파세(Crispijn van de Passe, 1589~1637)
1602~1607년, 판화, 83×133cm, 암스테르담 국립미술관 소장(네덜란드 암스테르담)

의견을 따라 여신에게 필요한 희생물을 만든 후 미노타우로스와 직면해
야 하는 그의 운명적 여행을 떠났다.

미노타우로스와 미궁

    미노스 왕의 궁전에서는 테세우스와 제물로 따라온 양들이 그곳에
모인 사람들에게 제공되었다. 거기에서 크레타 왕의 딸인 파이드라
(Phaedra)와 아리아드네(Ariadne)가 참석했는데, 아리아드네는 아프로디
테에게 의해 조정되어 테세우스를 보고 미친 듯이 사랑에 빠졌다. 아
리아드네는 어떻게든 은밀히 귀족 젊은이 테세우스를 만나기 위해 노력
했고, 마침내 그들은 서로에게 영원한 사랑과 정절을 맹세했다. 적군의
청년과 사랑에 빠진 그녀는 그를 돕기 위해 지혜로운 생각을 제안했다.

〈테세우스와 미노타우로스 Theseus and the Minotauros〉
마에스트로 디 타바르넬레(Maestro di Tavarnelle, 생몰연대 미상)
16세기, 패널에 오일, 69×155cm, 루브르 박물관 소장(프랑스 파리)

이 그림 안에는 테세우스와 미노타우로스의 모든 이야기가 담겨 있다. (1) 저 멀리 미노타우
로스가 크레타인들을 공격하고 있다. (2) 미노타우로스가 포세이돈의 도움으로 잡혔다. (3)
테세우스의 배가 도착했다. (4) 배 있는 뒤쪽 건물을 보면 테세우스가 아리아드네와 그녀의
자매 파이드라를 만나고 있다. (5) 배 앞쪽 건물에서는 미궁으로부터 돌아올 수 있도록 아리
아드네가 테세우스에게 검과 실타래를 주고 있다. (6) 테세우스가 미궁으로 향하고 있다. (7)
테세우스는 미궁에서 미노타우로스와 싸우고 있고, 아리아드네와 파이드라가 입구를 지키고
있다. (8) 중앙에 바다를 향해 가는 뒷모습은 아리아드네와 파이드라가 테세우스와 함께 크
레타 섬을 떠나는 장면이다. (9) 테세우스는 너무 기쁜 나머지 흰색으로 돛을 바꿔야 하는
것을 잊어버리고, 저 멀리 바다에 검은색 돛을 단 배가 크레타를 떠나고 있다.

그녀는 그에게 미노타우로스를 죽이기 위한 날카로운 검을 주었고, 괴
물을 물리치고 나올 때 복잡한 미로 안에서 돌아올 수 있게 길을 찾기
위한 실타래를 주었다. 그렇게 해서 무장한 테세우스와 그의 동료들은
수수께끼의 미궁으로 들어갔다.

　아리아드네의 충고에 따르면서 테세우스는 미궁의 입구에서 실타래
의 끝을 묶었고, 야수를 찾을 때까지 계속해서 조심스럽게 실타래를 풀

었다. 잠시 후 테세우스는 침실에서 자고 있는 미노타우로스를 마침내 발견했다. 그들의 혈투는 오랫동안 계속되었고, 테세우스가 아리아드네가 그에게 준 검으로 괴물을 죽이고 나서야 싸움은 끝이 났다.

테세우스와 미노타우로스

실타래를 잡고 나오면서 테세우스와 그의 동료들은 조심스럽게 미궁 바깥으로 탈출했다. 그곳에서 걱정하는 아리아드네가 그를 기다리고 있었다. 그런 다음 두 사람은 미노스 왕이 미노타우로스가 죽었고 자신의 딸이 테세우스를 도왔다는 사실을 알기 전에 아테네로 가는 배에 빠르게 올라탔다.

아리아드네와 디오니소스

그러나 젊은 연인들의 행복은 짧았다. 낙소스(Naxos) 섬에서 배가 부딪쳐 이곳에 머물던 테세우스는 포도주의 신 디오니소스(Dionysus)의 꿈을 꾸었다. 꿈에서 디오니소스는 아리아드네가 자신의 신부가 될 운명이므로 그녀를 섬에 남겨두고 떠나라는 것이었다. 만약 그가 아리아드네를 포기하지 못한다면 헤아릴 수 없는 불행이 일어날 것임을 경고하였다. 비록 테세우스는 어떤 괴물이나 악당에게는 두려움이 없었지만, 신에 대해서는 위대한 존경심과 경외감을 가지고 그들의 은총을 원했다. 그래서 신의 뜻을 받들어 테세우스는 아리아드네를 낙소스 섬에 남겨두게 되었다. 테세우스를 태운 배는 아테네를 향해 출항했다.

아버지를 배신하고 적군의 남자를 도와 여기까지 왔건만, 아리아드

〈아리아드네 Ariadne〉
존 윌리엄 워터하우스(John William Waterhouse, 1849~1917)
1898년, 캔버스에 오일, 45.7×68.5cm, 개인 소장

저 멀리 바다 위에 테세우스의 배가 떠나고 있는데도 아리아드네는 아무것도 모른 채 깊은 잠에 빠져 있다. 이 평온한 모습은 곧 다가올 그녀의 절망감을 증폭시킨다.

네는 사랑을 잃은 상실감에 미칠 듯한 슬픔에 빠졌다. 영원한 사랑과 정절을 맹세했음에도 테세우스는 끝까지 아리아드네와 함께하지 않았다. 과연 테세우스의 사랑은 진정한 사랑이었을까, 아니면 적을 이기기 위해 여인을 속여 이용한 것일까? 사랑을 위해 모든 것을 건 여인에게는 이제 절망만이 가득했다. 어떻게 이 죽음과도 같은 사랑의 상실을 극복할 수 있을까? 테세우스의 꿈처럼 아리아드네가 낙소스에 버려진 후 디오니소스 신이 그녀를 그의 신부로 맞이하러 왔다. 사랑은 오래도록 기다리고 아파한 사람들을 잊지 않고 다시 찾아온다. 그들은 낙소스 섬에 함께 살면서 세 명의 아들을 두었다. 후에 디오니소스는 다른 신들과 살기 위해 올림포스 산으로 아리아드네를 데리고 갔다고 전한다.

〈아리아드네의 위로 Consolation of Ariadne〉
브리슨 버로우스(Bryson Burroughs, 1869~1934)
1915년, 캔버스에 오일, 76.4×91cm, 메트로폴리탄 박물관 소장(미국 뉴욕)

해안가 언덕 위의 바위에 두 남녀가 앉아 있다. 테세우스의 배가 멀리 떠나고 있고, 낙소스 섬에 남겨진 아리아드네를 디오니소스 신이 위로해주기 위해 나란히 앉았다. 아리아드네는 깊은 슬픔에 빠진 듯 검은 가운을 걸치고 있고, 우울한 표정으로 디오니소스 신에게 눈길도 주지 않는다. 반면 디오니소스 신은 아직은 마음을 열지 않는 아리아드네를 따뜻한 눈빛과 미소로 바라보고 있다. 버림받은 여자와 그런 여자를 사랑으로 바라보는 남자의 거리감 사이에서 많은 위로의 말들이 오고갈 것이고, 아리아드네에게 새로운 삶이 열릴 것 같은 섬의 평화로운 풍경이 아름답게 그려져 있다.

〈디오니소스(바쿠스)와 아리아드네 The Bacchus and Ariadne〉
티치아노(Titian, 1488~1576)
1520~1523년, 캔버스에 오일, 175.2×190.5cm, 내셔널갤러리 소장(영국 런던)

낙소스 섬에 버림 받은 아리아드네를 발견하는 디오니소스 신을 그린 그림이다. 왼쪽 바닥의
청동 용기를 시작으로 전체 구도를 사선으로 나누고 있다. 파란색과 하늘색 부분이 있는 왼쪽
은 천상의 세계를 보여주고, 어둡고 떠들썩한 분위기의 오른쪽은 지상세계를 반영하고 있다.
왼쪽 구도에서는 디오니소스와 아리아드네의 역동적인 동작과 색채의 대비를 통해 두 연인이
만나는 장면을 활기로 가득 채우고 있다.

〈디오니소스(바쿠스)와 아리아드네의 영광 Triumph of Bacchus and Ariadne〉
안니발레 카라치(Annibale Carracci, 1560~1609)
1597년, 프레스코 천장화, 파르네제 저택 소장(이탈리아 로마)

왼쪽 마차에 탄 디오니소스 신과 아리아드네가 오늘의 주인공이다. 이 장면은 그들의 성대
한 결혼식을 보여주는 그림이다. 하지만 화가는 단지 결혼식 장면만을 묘사하지 않고 인간
과 자연에 대한 그의 생각을 화면 가득히 풀어놓고 있다. 화가는 몸의 모든 곡선에 주의를
기울인다. 그리고 색조의 자연적 변화는 놀라울 정도다. 그의 그림에서 영웅은 마치 살아
있는 듯한 느낌을 전해준다. 화면 전체에 무수한 인물들이 있고, 그들 각자는 개성을 드러내
고 있다. 화면의 색은 빛과 푸른색과 황금색으로 가득 차 있고, 파스텔 그림자가 드리워져
있다. 모두 즐거움에 들떠 있는 모습이다. 염소의 다리와 뿔, 뾰족한 귀를 가진 반인반수
사티로스는 디오니소스를 따라다니며 광란의 축제를 즐기는 것으로 유명하다. 이 축제의 날
에 사티로스들이 빠질 수 없다.

〈디오니소스(바쿠스)와 아리아드네의 결혼식 Wedding of Bacchus and Ariadne〉
또는 〈신들의 축제 Feast of the Gods〉
한스 요한 로템한메르(Hans Johann Rottenhammer, 1564~1625)
16세기, 패널에 오일, 35×46cm, 에르미타주 미술관 소장(러시아 상트페트르부르크)

디오니소스 신과 아리아드네의 성대한 결혼식이 진행 중이다. 언제나 디오니소스 신을 따라
다니는 사티로스들이 술에 만취하여 흥청망청하고 있는 축제로 보아 디오니소스의 결혼식
축제임을 알려주고 있다.

〈낙소스 섬에 버려진 아리아드네 Ariadne in Naxos〉
에버린 드 모르간(Evelyn de Morgan, 1855~1919)
1877년, 캔버스에 오일, 90.8×132.8cm, 드 모르간 센터 소장(영국 런던)

아이게우스와 에게 해의 전설

불행하게도 아리아드네와 이별하면서 테세우스는 그만 배의 돛을 흰
색으로 바꾸는 것을 잊어버렸다. 크레타를 안전하게 떠난 후 테세우스
는 그녀에 대한 더 이상의 소용이 없어지자 낙소스 섬에 그녀를 버렸다
는 다른 신화적 버전도 있다. 자신의 필요를 위해 사랑으로 가장하여
여인을 농락했다는 것이다. 비통한 아리아드네는 테세우스와 그의 동료
들을 저주했고, 그로 인해 그들 모두 배의 돛을 검은색에서 흰색으로
바꾸는 것을 잊어버렸다는 것이다.

한편 아이게우스는 크레타로부터 돌아올 그의 아들을 걱정스럽게 기
다리고 있었다. 매일 밤, 그는 크레타에서 오는 배를 보기 위해 아티카
의 최남단 수니온 곶으로 갔다. 그러나 몇 달이 지나도 아들은 돌아오

지 않았다. 어느 날 그는 수니온의 절벽 위해 서 있었는데, 마침내 멀리서 배가 오는 것이 보였다. 그런데 그 배가 검은색 돛을 달고 있었다. 그는 아들이 떠날 때 한 말이 생각났다. 괴물을 물리치고 오면 흰색 돛을 달고 오겠다고 말하지 않았던가. 그는 즉각적으로 그의 아들이 죽었다고 생각해서 완전한 절망에 빠져 그만 바다로 뛰어들어 익사하고 말았다. 그런 일이 있고 나서부터 아테네 사람들은 그들의 사랑스런 왕을 추억하기 위해 그 바다를 에게 해(Aegean Sea)라고 부른다.

적법한 상속자로서 테세우스는 그의 아버지의 궁에서 아테네의 왕이 되었다. 그는 아테네 시민들의 인정과 찬사를 얻었다. 아테네 시민들은 그를 지혜롭고 안목이 있는 통치자이자 용감하고 두려움 없는 군인으로 보았다. 테세우스는 분리된 아티카 연합체를 하나의 힘 있는 중앙집권적 국가로 평화롭게 통합하였다. 에게 해 바다가 아테네의 힘이 되었고, 농업과 상업이 번창했으며, 아테네는 그 지역에서 중요한 무역항이 되었다. 그는 또한 트로이젠으로부터 아테네까지 여행하는 동안 수행했던 그의 임무를 기념하기 위해 지협 경기대회를 열었다. 그리고 도시의 수호자 아테나 여신에게 헌신하는 판테온 축제를 포함해서 많은 새로운 축제를 탄생시켰다.

아마존의 안티고네

테세우스의 다음 모험은 흑해 연안의 테미스킬라에 사는 아마존족 원정에 나서면서 많은 어려움에 부딪혔고, 결국에는 그의 왕국의 안전을 위태롭게 했다. 위대한 영웅의 위대하지 않는 행동 때문이었다.

탐험 항해 동안에 그의 배는 전설의 여성 전사들이 사는 아마존족의

땅 렘노스(Lemnos) 해안에 정박했다. 이때 아마존 여왕의 자매인 안티
오네(Antione)는 배에 탄 낯선 사람들이 평화로운 사람들인지 아닌지에
대한 의도를 알기 위해 첩자로 보내졌다가 테세우스에게 사로잡혔다.
테세우스는 아름다운 안티오네에게 한눈에 빠져 외교적 임무와 절차를
잊어버렸다. 그는 어이없어 말도 못하는 안티오네를 그대로 배에 태우
고 아테네로 향하였다. 뜻밖이긴 했지만 두려움을 모르는 아테네의 왕
테세우스에게 강한 인상을 받은 안티오네는 자신의 의지와는 상관 없
이 끌려가는 상황에 대해 뚜렷한 반대나 저항을 하지는 않았다. 그들은
아테네에 도착했고, 테세우스는 그녀를 아내로 맞이하여 아들 히폴리투
스(Hippolytus)를 두었다.

　　하지만 아마존의 여왕과 그 백성들은 외교적 절차도 거치지 않고 안
티오네를 데리고 간 것에 대해 자기들을 능욕한 것이라고 생각하여 한
치의 망설임도 없이 아테네를 향하여 공격을 시작했다. 그들의 공격은
너무 강력해서 아테네 영토 깊은 곳을 관통하려고 했다. 테세우스는 곧
그의 군대를 조직했고, 평화를 요청하기 위해 진격하는 아마존 군대에
게 악명 높은 역습을 감행했다. 그러나 불행한 안티오네 여왕은 그녀
자신의 국민들과 대항하여 테세우스 옆에서 싸워야만 했다. 결국 안티
오네는 전쟁터에서 죽었다.

칼리돈의 멧돼지와 켄타우로스

　　테세우스의 삶에서 다음으로 위대한 에피소드는 테실리아 지방의 펠
리온 산으로부터 온 전설적인 라피트족(Lapiths)의 왕자 페이리토스
(Perithous)와의 축복받은 우정이었다. 페이리토스는 테세우스의 용감한

칼리돈의 멧돼지 사냥

행동과 위험한 모험에 대한 많은 이야기를 들어주었고, 이 명성이 자자
한 영웅을 시험해보기를 원했다. 그래서 그는 일련의 수행원들과 함께
아티카를 침입해서 테세우스의 소떼를 몰고 도주했다. 무장한 군대를
데리고 테세우스가 페이리토스와 마주쳤을 때 그들 둘 다 갑자기 서로
를 향한 설명할 수 없는 존경심을 갖게 되었다. 그들은 영원한 우정을
맹세했고, 떨어질 수 없는 친구가 되었다.

  전설에 따르면, 새로운 친구가 된 테세우스와 페이리토스는 칼리돈
의 멧돼지(Calydonian Boar) 사냥뿐만 아니라 상체는 인간이고 가슴 아
래부터 뒷부분은 말의 형상을 한 반인반수의 켄타우로스(Centaurs)와
대항한 유명한 사냥에도 함께 참여했다고 한다. 켄타우로스와의 전투는
켄타우로스가 페이리토스의 결혼식 축제에 초대받아서 술을 먹고 다른
켄타우로스와 함께한 신부 히포다미아(Hippodamia)를 납치하려 했을
때 일어났다. 또한 참석한 켄타우로스 모두는 결혼식에 온 다른 여성들
을 납치하려고 시도했는데, 테세우스의 도움을 받은 페이리토스와 라피
트족은 켄타우로스를 공격해서 여성들의 명예를 회복해주었다.

〈라피트족과 켄타우로스와의 전투 The Battle of the Lapiths and Centaurs〉
세바스티아노 리치(Sebastiano Ricci, 1659~1734)
1705~1710년, 캔버스에 오일, 80×105cm, 애틀란타 미술관 소장(미국 애틀란타)

헬레네의 납치

후에 테세우스와 페이리토스는 서로 제우스의 딸들을 납치하는 것을
돕기로 결정했다. 테세우스의 선택은 헬레네(Helene)였다. 그녀는 후에
'트로이(Troy)의 헬레네'로 유명하게 되었다. 사실상 헬레네는 그 당시
아홉 살이었다. 그는 헬레네를 납치해서 그녀가 결혼할 나이로 성장할
때까지 안전하게 보호했다. 테세우스는 그녀를 트로이젠의 어머니 아이
트라의 안전한 보호 아래에 몇 년 동안 남겨두었다. 그러나 헬레네의
형제들 카스토르(Castor)와 폴리데우케스(Polydeuces)가 여동생을 구출

하러 왔고, 그들의 여동생을 고향인 스파르타(Sparta)로 데리고 갔다.

비극의 시작, 파이드라와 히폴리투스

아마존의 아내 안티오네의 죽음 후, 테세우스는 크레타의 미노스 왕의 딸이자 아리아드네의 여동생 파이드라(Phaedra)를 아내로 맞이하였다. 그녀는 그와 한 번 외도를 한 상대이기도 했다. 이로 인해 테세우스가 아리아드네를 낙소스 섬에 버린 이유라고 말하기도 한다. 원래 처음부터 테세우스는 파이드라를 사랑했는데, 파이드라가 관심을 보이지 않자 테세우스를 열심히 사랑한 아리아드네를 선택했다는 것이다. 사실 파이드라는 비극적 운명의 여인으로 데모포네(Demophone)와 아카마스(Acamas)라는 두 아들을 두었다.

사냥의 여신
아르테미스

한편 아마존의 안티오네와의 사이에서 낳은 테세우스의 아들 히폴리투스는 젊고 잘생긴 외모의 소유자로 성장하였다. 그가 스무 살이 되었을 때 그는 자신의 아버지와 마찬가지로 사랑과 미의 여신 아프로디테가 아니라 사냥과 숲의 여신 아르테미스(Artemis)의 숭배자가 되었다. 화가 난 아프로디테는 히폴리투스에게 복수를 결심했다. 이로 인해 파이드라가 잘생긴 그녀의 의붓아들에게 미친 듯이 사랑에 빠지는 원인이 되었다. 하지만 히폴리투스가 의붓어머니의 도발을 냉정하게 거절했을 때 그녀는 절망하여 자살을 했다. 그러나 그녀는 죽기 전에 히폴리투스가 그녀를 강간하고 불명예를 안겨주는 말을 했기에 자살을 한다는 암시의 글을 써두었다. 그것이 왜 그녀가 자살했는지에 대한 이유라는 증거가 되어 히폴리투스는 졸지에 의붓어머니를 강간한 죄를 뒤집어썼다.

격분한 테세우스는 그의 아버지 중의 한 명인 바다의 신 포세이돈에

〈파이드라와 히폴리투스 Phaedra and Hippolytus〉
피에르 나르시스 게랭(Pierre Narcisse Guérin, 1774~1884)
1802년, 캔버스에 오일, 33×45.7cm, 루브르 박물관 소장(프랑스 파리)

게 히폴리투스에게 벌을 내려줄 것을 간청했다. 진실로 포세이돈은 괴
물을 보내 히폴리투스의 전차를 이끄는 말들을 내쫓았다. 흥분한 말들
은 마차를 전복시켰고, 고삐를 놓친 그를 바닥에 떨어뜨려 끌고 갔다.
그러는 동안 테세우스는 파이드라의 오래된 하녀로부터 진실을 전해 들
었다. 자신의 실수를 깨달은 그는 아들의 생명을 구하기 위해 돌진하였
고, 거의 죽음에 이른 아들을 찾아냈다. 하지만 너무 늦은 깨달음이었
다. 불쌍한 히폴리투스는 비탄에 잠긴 아버지의 팔에 안겨 죽었다.
　이 위대한 비극은 수세기에 걸쳐 많은 작가들과 예술가에게 영감을
주었다. ✛에우리피데스(Euripides, B.C. 484?~B.C. 406?)의 고대 비극
등 많은 영화와 연극이 이 이야기를 기초로 쓰여졌다.

✛ **에우리피데스**
아이스칼로스, 소포클
레스와 함께 고대 그리
스의 3대 비극 시인으
로 전해진다. 인간의
정념에 대한 주제로 시
를 썼으며, 특히 여성
심리 묘사에 탁월하였
다. 《키클로프스》, 《히
플리투스》 등 19편의
작품이 전해지고 있다.

〈파이드라 Phaedra〉,
1880년, 캔버스에 오일,
알렉상드르 카바넬
(Alexandre Cabanel,
1823~1889)
194×286cm,
파브르 미술관 소장
(프랑스 몽펠리에)

〈히폴리투스의 죽음
The Death of
Hippolytus〉 세부
페테르 파울 루벤스
(Peter Paul Rubens,
1577~1640)
1611년, 캔버스에 오일
45.7×68.5cm
피츠 윌리엄 박물관
소장(영국 케임브리지)

고대 그리스의 비극 이야기에는 인간의 희로애락(喜怒哀樂)이 모두 담겨 있다. 그리고 이러한 감정들은 인간의 본성이기도 한다. 동양의 유학에서는 희로애락애오욕(喜怒哀樂愛惡欲)이라 해서 인간의 기본 감정을 일곱 가지 정, 즉 칠정(七情)이라고 하였다. 기뻐하고, 성내고, 슬퍼하고, 즐거워하고, 사랑하고, 미워하고, 욕심내는 것은 모든 인간이 느끼는 감정일 것이다. 신화의 세계에서는 이러한 인간의 감정을 숨김없이 그대로 드러내 보여준다. 그래서 신화를 읽다 보면 우리 내면의 다양한 모습을 만나게 되고, 당혹감에 빠질 때가 있다. 아폴론이나 판처럼 사랑에 눈이 멀어 누군가를 쫓아다니기도 하고, 파이드나처럼 질투와 욕망으로 누군가에게 복수를 꿈꾸며 죄를 뒤집어씌우기도 하는 것이다.

태초에 카오스는 욕망을 내포하고 있었고, 이것이 인간 본연의 어쩔 수 없는 본성이라는 것을 그리스 신화는 보여주는 듯하다. 그러한 욕망이 판도라의 상자로부터 모든 악을 흘러나오게 함으로써 인간은 불행과 비극의 운명을 타고난 것인지도 모르겠다. 에우리피데스는 이러한 정념(情念: 감정에 따라 일어나는 억누르기 어려운 생각)에 사로잡힌 불가항력적인 사건들을 통해 인간 운명의 비극성을 극대화하였다.

그러나 위대한 영웅들이 국가를 만들고 민족의 역사를 만들어내면서 신화의 시대에서 역사의 시대로 건너올 수 있었고, 비로소 인간의 본성을 극복한 이상 세계를 꿈꾸게 되었다. 물론 우리는 지금 역사의 시대를 살아가고 있지만, 개인들의 역사에서도 신화의 시대를 거쳐야 비로소 역사의 시대를 살아갈 수 있는 절차를 따르지 않을까 싶다. 태어나서 처음부터 역사적 이상을 꿈꾸며 살지는 않기 때문이다. 누구나 카오스의 욕망에 사로잡힌 신화의 시기를 거치면서 이성과 역사의 시기로 넘어오는 단계를 통과의례처럼 건너야 하는 것이다.

비극적 영웅의 결말

파이드라와 히폴리투스의 비극적 사건은 테세우스의 몰락을 알려주는 시작이었다. 그는 아테네 시민들 사이에서 서서히 인기를 잃어버렸다. 이전의 영웅적 행동과 국가를 위한 봉사는 잊혀지고, 그의 통치에 대항하는 반란이 모든 곳에서 드러나기 시작했다. 테세우스는 마침내 왕위를 포기했고, 스키로스 섬으로 피신했다.

하지만 스키로스 섬의 왕 리코메세스는 섬으로 피신해 온 테세우스가 스키로스의 왕이 되기를 원한다고 생각하고 있었다. 그래서 우정을 가장하여 테세우스를 절벽의 꼭대기로 데리고 가서 절벽 아래 바다로 그를 밀어냄으로써 그를 살해하였다. 이렇게 위대한 그리스 영웅들 중 한 사람이자 아테네 시민들 중 가장 훌륭한 영웅이었던 사람이 비극적 생의 종말을 맞이하고 말았다.

고대 그리스의 성채 아크로폴리스

오디세우스의 모험

아주 오랜 여행

전설의 남자

'오디세이아(Odysseia)'라는 말은 서사시를 쓸 정도의 장기간의 여행을 의미한다. 그 말은 기원전 8세기에 쓰여진 호메로스(Homer)의 서사시 《오디세이아Odysseia》에서 나왔고, 위대한 트로이 전쟁의 마지막 날을 묘사한 호메로스의 다른 서사시 《일이아스Ilias》로 연장된다. 《오디세이아》는 하나의 이야기에서 이야기로 내려가며, 세대에서 다음 세대로 구전으로 전달된 유명한 이야기이다. 그 이야기는 트로이 전쟁이 끝난 후 오디세우스가 그의 궁전과 가족이 있는 이타카(Ithaca)로 귀향하기까지 10여 년 동안의 모험을 환상과 재현으로 그려낸 대서사시이다.

호메로스에 따르면, 오디세우스의 아버지는 라에르테스(Laertes)이고, 어머니는 클레이아

오디세우스

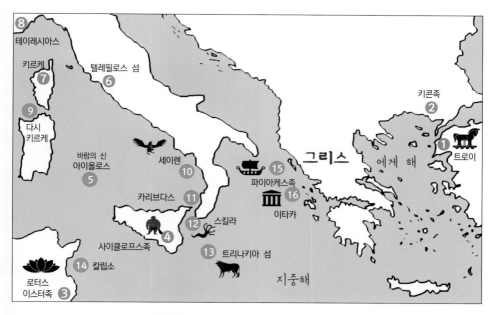

트로이 전쟁 후 오디세우스가 고향 이타카로 돌아오기까지 10년 동안의 여정

(Anticleia)였다. 그는 페넬로페(Penelope)와 결혼하여 아들 텔레마코스(Telemachus)를 낳았다. 오디세우스는 종종 '교활한 오디세우스'라고 일컫는데, 영리하고 빠른 그의 머리 때문이다. 그의 할아버지 아루톨뤼코스(Autolycus)는 펠로폰네소스(Peloponnese) 지역에서 솜씨 좋은 도둑으로 유명했다. 로마인들은 오디세우스의 이름을 율리시스(Ulysses)라고 부르면서 오늘날 전 세계로 알렸다.

오디세우스는 자부심 넘치고 때로는 건방지기까지 할 정도로 당당한 캐릭터였다. 그는 외모와 목소리에서 변장의 귀재였고, 또한 오랜 트로이 전쟁의 끝에 그리스에 승리를 안겨준 군대 지휘관이자 통치자로서 훌륭한 인물이었다.

트로이 전쟁

　'트로이의 헬레네(Helene)' 또는 '스파르타의 헬레네'로 불리는 헬레네는 세상에서 가장 아름다운 여인이었다고 한다. 제우스와 레다(Leda)의 딸로 클리타임네스트라(Clytemnestra)와는 자매간이며, 어렸을 때 테세우스에게 납치되었다가 그녀의 형제 카스토르(Castor)와 폴리데우케스(Polydeuces)에 의해 구출되어 고향인 스파르타로 돌아왔다. 후에 구혼자들 사이에서 승리한 메넬라오스(Menelaus)와 결혼하였다.

　가장 위대한 신화의 전쟁을 이끌었던 이 사건은 ✢'불화의 사과'에서 발생했다. 아프로디테가 트로이의 왕자 파리스(Paris)에게 가장 아름다운 여인의 사랑을 약속함으로써 파리스는 스파르타의 메넬라오스의 아내 헬레네를 납치했다(또는 스

〈헬레네와 파리스의 사랑 The Love of Helene and Paris〉 세부
자크 루이 다비드(Jacques Louis David, 1748~1725)
1788년, 캔버스에 오일, 146×181cm
루브르 박물관 소장(프랑스 파리)

스로 떠났다고 함). 헬레네가 돌아가기를 거절하면서 멜네라우스의 형제인 아가멤논(Agamemnon)은 트로이로 진격할 위대한 그리스의 군대를 모았다. 이곳에 모인 이들은 헬레네의 명예를 지키기로 일단 맹세를 했다. 그러나 오디세우스는 이 맹세로부터 도망치기 위해 미친 척 광기로 위장하였지만, 메넬라오스의 동생인 아가멤논은 오디세우스가 거짓말

〈파리스의 심판 The Judgement of Paris〉 세부
산드로 보티첼리(Sandro Botticelli, 1445~1510)
1483~1485년, 패널에 템페라화, 81×197cm, 치니재단 소장(이탈리아 베네치아)

✧ 불화의 사과

위대한 트로이 전쟁은 몇몇 질투심 강한 신들과 하나의 사과로 시작했다. 테티스
(Thetis)와 펠레우스(Peleus)의 결혼식 동안 불화(不和)의 여신인 에리스(Eris)는 명백한
이유로 초대 받지 못했다. 에리스는 감정이 상했고, 결혼식에 도착하자마자 "최고의 공
정함을 위하여!"라고 말하면서 황금 사과를 신들의 피로연 가운데 던졌다. 헤라와 아
테나와 아프로디테가 논쟁을 일으키면서 서로 사과를 요구했다. 여신들은 가장 공정한
제우스에게 사과를 요구했고, 제우스는 트로이의 적법한 왕자인 파리스에게 선택하도록
하였다. 그때 파리스는 왕족의 자손이었음에도 아이다 산에서 양치기로서 살고 있었다.
왜냐하면 신탁의 무녀로부터 그로 인해 도시가 파괴되는 원인이 되리라는 예언이 있었
기 때문에 아이 때 버려진 것이었다.

세 명의 여신들은 양치기 파리스 앞에 나타나 그들 중 누가 가장 공정한지 선택하라고
요구했다. 하지만 파리스는 어떤 여신도 선택할 수 없었고, 이로 인해 여신들 각자는
그에게 선물을 주기로 했다. 헤라는 그에게 부와 왕권을 주었고, 아테나는 지혜와 남자
다운 영광을 주었으며, 아프로디테는 세상에서 가장 아름다운 여인의 사랑을 주었다. 주
저함 없이 파리스는 아프로디테에게 황금 사과를 주었다. 그날부터 아프로디테는 파리
스에게 왕족의 피를 제공해주었고, 그를 트로이로 이끌었다.

을 하고 있음을 눈치 챘다. 어쩔 수 없이 오디세우스는 아가멤논과 함께 무적의 ✛아킬레우스(Achilles), 현명한 네스토르(Nestor)와 궁술의 최고자인 테우크로스(Teucer) 등 수많은 정복자들을 따라 트로이를 향해 출발하기 위해 배에 올라탔다. 그러나 아가멤논에 의해 모집된 트로이 원정군의 함대가 바람이 불지 않아서 한 치도 진격하지 못하자 병사들은 불평하기 시작했다. 그 이유는 아가멤논이 아르테미스 여신의 신성한 사슴을 죽임으로써 여신의 분노를 사서 바람이 불지 않았기 때문이었다. 이에 여신의 분노를 풀기 위해서 아가멤논은 자신의 딸 ✛이피게니아(Iphigenia)를 신탁의 제물로 바친다. 하지만 후에 그녀를 불쌍히 여긴 여신은 희생물을 사슴으로 바꾸고 이피게니아를 살려주었다.

용감한 장수들과 함께 트로이를 공격한 지 10년이 되었지만, 그리

✛ **이피게니아**
그리스 신화에서 가장 유명한 희생양으로 괴테의 대표적 희곡 《타우리스의 이피게니에》에서는 고귀하고 순수한 인간성의 승리를 상징하는 인물로 묘사되어 있다. 또한 야만적 인신 공양을 폐지하고, 불합리한 사회제도 등에 대항하면서 인간의 도덕적인 결단을 통한 자유의지를 구현하는 새로운 인간형으로 그려져 있다.

✛ 아킬레우스와 아킬레스건

바다의 요정 테티스와 테살리아 지역 프티아의 왕 펠레우스 사이에서 태어난 아킬레우스는 트로이 전쟁의 가장 위대한 그리스 영웅이다. 원래는 제우스와 포세이돈이 경쟁적으로 아름다운 테티스와 결혼하고자 했으나, 태어날 테티스의 아들이 아버지보다 더 위대한 존재가 될 것이라는 예언 때문에 그녀와의 결혼을 포기하고 인간인 펠레우스에게 넘겼다고 한다. 아킬레우스가 태어나자 테티스는 갓난아기를 영원히 사는 불사신으로 만들기 위해 그의 몸을 저승의 스틱스 강에 담갔다. 그 강물에 몸이 닿으면 어떤 무기에도 상처 받지 않기 때문이었다. 그러나 이때 테티스가 아킬레우스의 발꿈치를 잡고 강물에 담갔기 때문에 신체 중에서 유일하게 발꿈치만 물에 담지 않아 그곳이 약점이 되었다고 한다. 흔히 약점이 되는 사건을 '아킬레스건'이라고 하는데, 이 신화에서 유래한 말이다.

190

〈이피게니아의 희생 The Sacrifice of Iphigenia〉
프랑수아 피에르(François Perrier, 1590~1650)
1633년, 캔버스에 오일, 213×154cm
디종 미술관 박물관 소장(프랑스 디종)

스는 여전히 강력한 트로이의 성벽 바깥에서 한 치도 나아가지 못했다. 전쟁 10년째 그리스의 지도자 아가멤논 왕에게 가장 신뢰받던 교활한 오디세우스는 트로이 사람들을 속이는 계획을 궁리했다. 한밤중에 그리스 병사들은 도시의 입구 바깥에 바퀴 달린 커다란 목마(木馬)만을 남겨둔 채 트로이 성벽을 떠났다. 이는 트로이 사람들로 하여금 그리스 병사들이 용기를 잃고 후퇴했음을 믿게 만들기 위한 위장술이었다. 새벽이 밝았을 때, 성벽 안에 있던 트로이 사람들은 그들을 둘러쌌던 그리스 군대가 사라지고 나무로 만든 말만 있는 것을 보고 깜짝 놀랐다. 오디세우스의 계획대로 그들은 그리스인들이 신에게 줄 선물로 이 목마를 남겨놓고 떠났다고 믿었다. 그래서 그들은 바퀴 달린 목마를 성벽의 안쪽 도시로 운반했고, 마침내 전쟁의 종식을 축하하기 위해 술을 마시기 시작했다.

그러나 오디세우스는 몇몇 그리스 군대를 숨기기 위해 목마 안을 빈 공간으로 만들었다. 이 계획은 수많은 세월 동안 방어선이었던 도시로 들어가기 위한 유일한 길이었다. 어둠이 내리고 성벽 안쪽에서는 승리를 축하하며 병사들이 술에 취해 쓰러져 잠이 들었다. 기회를 엿보던 오디세우스와 그의 군사들은 나무로 만든 커다란 말 밖으로 나와 보초

〈트로이 안으로 목마를 이끌다 The Procession of the Trojan Horse into Troy〉
조반니 도미니코 티에폴로(Giovanni Domenico Tiepolo, 1727~1804)
1760년, 캔버스에 오일, 39×67cm, 내셔널갤러리 소장(영국 런던)

를 죽이고 성문을 활짝 열었다. 곧이어 몇 킬로미터 뒤에 숨어 있던 그
리스 군대가 도시 안으로 들어왔다. 트로이 사람들에게는 알려져 있지
않았던 전략가 오디세우스의 치밀한 계획 덕분에 그리스 군대는 트로이
전쟁에서 승리할 수 있었다. 전쟁이 끝나고 오디세우스와 그의 군대는
고향 이타카를 향해 항해를 떠났다.

트로이 전쟁을 승리로 이끈 ✛아가멤논은 전쟁 후 트로이의 왕녀 카
산드라(Cassandra)를 데리고 아르고스 왕국으로 돌아왔다. 아가멤논이
트로이로 떠나 있는 동안 클리타임네스트라는 그녀의 남편을 제거할 음
모를 꾸미던 아이기스토스(Aegisthus)와 연인이 되었다. 클리타임네스트
라는 아가멤논이 그녀의 딸 이피기니아를 희생한 것, 카산드라를 데리
고 온 것뿐만 아니라 그녀의 첫 번째 남편을 죽이고 강제로 자신을 데
리고 온 것에 대해 분노하고 있었다. 트로이에서 돌아온 아가멤논이 목

〈클리타임네스트라와 아가멤논 Clytemnestra and Agamemnon〉
피테르 나르시스 게랭(Pierre Narcisse Guérin, 1774~1833)
1817년, 캔버스에 오일, 342×325cm, 루브르 박물관 소장(프랑스 파리)

✛ 아가멤논의 죽음

"이 작품 〈클리트임네스트라와 아가멤논〉을 만약 프랑스 화가가 아닌 외국인 화가가 그
린 것이었다면, 우리는 그것을 얼마나 아름답게 보았겠는가! 잠자는 아가멤논을 밝혀주
고 있는 램프 불빛의 마력은 어떠한가! 그 불빛은 붉은 커튼으로 반쯤 가려 있으면서
이미 핏빛을 띠고 있다. 아이기스토스와 클리트임네스트라라는 두 인물 사이 얼마나 감
동적인 콘트라스트인가! 한쪽은 반쯤 어두운 불길한 곳에서 범죄 열기로 전율하고 있고,
다른 한쪽에서는 영웅이 깊은 평화 속에서 잠들어 있으며, 밝은 아르고스 궁전 내부를
밝혀주고 있는 평화로운 달빛이 관객의 눈에 들어온다."

(샤를 블랑, 《교양 서양미술》, 192쪽)

욕을 하고 있을 때 클리타임네스트라는 그의 목에 그물을 던져 그를 살해함으로써 비극이 시작되었다. 아버지 아가멤논의 비참한 죽음을 안아들 ✛오레스테스(Orestes)는 아폴론의 신탁을 듣고 누나인 엘렉트라(Electra)와 함께 어머니를 죽임으로써 아버지의 원수를 갚는다. 하지만 이 행위는 반인륜적 범죄였다. 친족살해자가 된 오레스테스는 복수의 여신들에게 쫓기다가 후에 어머니 클리타임네스트라를 살해한 죄를 용서받는다.

✛ **오레스테스**
오레스테스의 친족살해는 고대 비극 작가들 사이에서 논쟁의 문제였다. 신탁을 통해 복수를 명령한 아폴론 신과 호메로스는 오레스테스를 두둔했지만, 결국 그는 정의롭고 공정한 아테네의 법정에서 섰다. 하지만 찬반이 동률이 되자 법정은 난장판이 된다. 후에 철학자 사르트르는 이 사건에서 부조리를 발견하기도 했다.

키콘족과의 전투

오디세우스와 그의 병사들의 귀향은 오랜 시간 모험으로 가득 찼다. 그들은 이상한 세계를 보았고, 오디세우스는 다른 어떤 사람들보다 많은 기억과 경험을 쌓으면서 집으로 돌아오게 된다. 오디세우스와 그의 부대는 12척의 배를 이끌고 트로이로부터 출항했다. 조용한 물살이 배의 진격을 촉진하자 드디어 바다를 향해 나아갔다. 며칠 후 그들은 육지를 발견했다. 부사령관은 오디세우스에게 그들이 피해를 입지 않기 위해서는 해안으로 가서 그 지역을 파괴한 후 확실히 닻을 내려야 한다고 제안했다.

닻을 올린 배에서 수많은 군사들이 해안으로 쏟아져오는 것을 본 그 지역의 거주자인 키콘족(Ciconians)은 황급히 산 가까이로 도망갔다. 오디세우스와 그의

키콘족과 오디세우스 군대와의 전투

병사들은 텅 빈 지역을 약탈했다. 그러나 오디세우스의 병사들은 즉각 배를 타고 돌아가려고 하지 않았다. 와인에 흠뻑 취한 그들은 해안에서 잠에 빠졌다.

새벽빛이 채 떠오르기도 전에 키콘족은 강력한 이웃들과 함께 돌아왔고, 해변에서 잠들어 있던 오디세우스의 병사들을 공격하기 시작했다. 오디세우스와 그의 사령부에서는 배로 퇴각하라고 서둘러 북을 두드렸지만, 갑작스런 기습에 이미 많은 병사들이 숨을 거둔 뒤였다. 부사령관의 말을 따르지 않은 결과에 대해 자책하면서 오디세우스와 남은 병사들은 그곳을 탈출했다.

전설의 채식 부족

남쪽을 빙 돌아서 오디세우스와 그의 병사들은 바람으로 항로를 이탈해 로토스 이스터족(Lotus Eaters)의 땅을 향해 나아갔다. 로토스 이스터족은 연꽃 나무의 지배 아래 사는 종족으로 주로 연꽃의 열매와 꽃을 주식처럼 먹는다. 이 전설이 채식 부족을 호메로스의 《오디세이아》에서는 로터파고이족(Lotophagi) 또는 로토파고스족(lotophagus)이라고 한다. 오디세우스가 주변을 정찰하는 동안 부하들 중 몇몇은 원주민과 섞여서 그 땅에서 자란 연꽃 열매와 음료를 먹더니 곧바로 의식을 잃고 심각한

연꽃 마취제를 먹은 부하들을 배로 이끄는 오디세우스

잠에 빠지고 말았다.

그들이 먹은 연꽃 음료는 자연 마취제였고, 그것은 가족과 고향에 대해 모든 기억을 잊고 황홀경에 들어가 시름을 잊게 만들었다. 그들은 이 땅에 머물면서 계속해서 연꽃 마취제를 마시기를 원했기에 집으로 돌아가기를 거절했다. 마취제를 먹지 않은 오디세우스와 몇몇 병사들은 필사적으로 그들을 부축하여 배에 태웠다. 배를 출항시키면서 혹시라도 연꽃 마취제에 중독된 병사들이 그 음료를 다시 마시기 위해 바다로 뛰어들지 못하도록 돛대를 경계선으로 해서 감시를 해야 했다.

외눈박이 거인 폴리페모스

어떠한 모험도 없이 많은 날들을 항해한 후에 병사들은 이상한 땅을 우연히 발견했다. 오디세우스와 소수의 남은 병사들은 그 땅을 확인하기 위해 해안으로 배를 향하게 했다.

배에서 내려 산책을 시작한 지 몇 분 만에 그들은 엄청난 동굴의 입구로 이끌려왔다. 호기심 많은 병사들이 동굴로 들어갔고, 어떤 엄청난 존재가 거주하고 있는 것을 발견했다. 좀 더 깊이 다가가자 그 동굴 안에서 양떼를 발견했는데, 너무 배가 고픈 나머지 그들은 양 몇 마리를 잡아 배고픔을 채웠다. 그들에게 알려진 적이 없는 이곳은 거인족 사이클로프스족(Cyclops)인 폴리페모스(Polyphemus)의 잠자리였고, 이곳은 거인족 사이클로프스족의 땅이었다.

동굴로 돌아온 폴리페모스는 평소처럼 거대한 바위로 입구를 막았다. 오디세우스와 병사들은 입구를 향해 달려갔지만, 거대한 바위보다도 더 큰 존재가 그들의 탈출을 막고 있었다. 하나밖에 없는 눈으로 병

〈폴리페모스의 실명 The Blindness of Polyphemus〉
펠레그리노 티발디(Pellegrino Tibaldi, 1527~1597)
1550~1551년, 프레스코화, 오디세우스의 방, 포지 박물관 소장(이탈리아 볼로냐)

사들을 쓰러드리면서 폴리페모스는 그들이 누구인지 물었다. 오디세우스는 자신들의 정체성과 임무를 누설하지 않으면서 폴리페모스에게 그들이 길을 잃은 뱃사람이고 음식을 구하러 해안으로 왔다고 말해주었다. 하지만 불행하게도 폴리페모스는 자신의 양들을 잡아먹은 그들이 동굴 밖으로 나가는 것을 거절하였다. 매일 그는 두 명의 용감한 병사를 동굴 벽에 집어 던져 먹잇감으로 만들어 그들을 산 채로 씹어 먹었다. 오디세우스는 이 끔찍한 행동에 참을 수가 없자 병사들을 밖으로 안내할 계획을 짜냈다.

어느 날 오디세우스는 한 조롱박의 강력한 와인을 폴리페모스와 함께 마시면서 남은 와인을 전부 그에게 주었다. 거인은 목구멍으로 와인을 탐욕스럽게 쏟아 부었다. 와인으로 인해 졸음이 쏟아진 거인은 몇 분 만에 잠에 빠졌다. 오디세우스와 남은 병사들은 난로에서 작열하는

〈폴리페모스 동굴에서의 오디세우스 Odysseus in the Cave of Polyphemus〉
야코프 요르단스(Jacob Jordaens, 1593~1678)
1635년, 캔버스에 오일, 76×96cm, 푸시킨 박물관 소장(러시아 모스크바)

부지깽이를 가져다가 거인의 눈 한쪽에 밀어 넣어 그를 장님으로 만들었다.

자고 있던 거인은 갑작스런 통증에서 깨어나 고통으로 울부짖고 분노로 소리치면서 누가 이 짓을 계획했는지 물었다. 하지만 이 모든 것을 계획한 오디세우스는 그의 이름을 "아무도"라고 소리쳤다. 폴리페모스는 그의 다리를 잡고 주변을 나뒹굴었다. 그의 친구 사이클로프스족 이웃들이 무슨 일이 일어났는지를 보려고 야수의 잠자리로 뛰어와 무슨 일이 있었는지 묻자 폴리페모스는 "아무도" 그의 눈을 멀게 하지 않았다고 말했다. 사이클로프스족 이웃들이 크게 웃으며 그를 바보라고 불렀고, "아무도" 그에게 상처 줄 수 없다고 말해주었다.

다음날 아침 오디세우스와 그의 부하들은 양의 배에 그들 자신을 묶었다. 그리고 폴리페모스가 양들을 방목하기 위해 잠자리를 빠져나와 밖으로 나갈 때 무사히 도망칠 수 있었다. 병사들은 그들의 배로 안전하게 달렸지만, 펠리페모스를 조롱하던 오디세우스는 그를 격퇴시키지 못하고 배로 돌아왔다. 거인은 결국 배가 있는 곳까지 쫓아왔다. 그 순간 오디세우스는 빠르게 배를 출항시키면서 거인에게 소리쳤다. 그를 눈 멀게 한 이가 바로 오디세우스라고 소리쳤다. 볼 수는 없지만 격분한 폴리페모스는 엄청난 바위를 들어 올려 소리 나는 방향으로 던졌다. 하지만 다행히도 바위는 과녁보다 짧게 떨어져 오디세우스의 배 앞에서 박살이 났다. 폴리페모스는 이 치욕스런 원수를 갚기 위해 그의 아버지 바다의 신 포세이돈에게 울부짖었다. 이후로 오디세우스는 포세이돈의 공공연한 적이 되었다.

〈오디세우스와 폴리페모스 Odysseus and Polyphemus〉
아르놀트 뵈클린(Arnold Böcklin, 1827~1901)
1896년, 캔버스에 오일, 66×150cm, 보스턴 미술관 소장(미국 보스턴)

바람의 신 아이올로스의 선물

사이클로프스족의 땅을 떠나면서 오디세우스는 그의 배가 바람의 신 아이올로스(Aeolus)의 집 아이올리아에 가까워지고 있음을 알았다. 아이올로스는 바다와 땅 너머로 바람을 실어다주곤 한다. 오디세우스의 귀향 이야기를 들은 후 인정 많은 아이올로스는 그를 집으로 안전하게 안내할 바람으로 가득 찬 자루를 건네주었다. 오디세우스는 다시 한 번 항해를 했고, 많은 날을 잠을 자지 않으면서 그 자루를 지켰다. 하지만 어느 날 피곤함 때문에 그만 잠이 들고 말았다.

갑자기 그의 병사들에게 호기심이 발동했다. 그들은 자신의 리더가 무엇을 생명처럼 지키는지 보려고 자루를 움켜쥘 기회를 기다리고 있었다. 배가 이타카의 해안에 도착할 무렵 그들은 오디세우스가 잠든 순간 기회를 얻었다. 잠깐의 주저함도 없이 두 명의 항해사가 자루를 활짝 열었다. 그러자 자루에 붙잡혀 있던 바람들이 달아나 배 후면을 움직여서 엄청난 폭풍을 일으켰다. 배의 움직임에서 뭔가 잘못되었다고 느낀 오디세우스가 깜짝 놀라 잠에서 깨어났다. 이미 배는 이타카 항구에 도착하기도 전에 아이올리아로 다시 되돌아가고 있었다. 배가 되돌아오는 것을

〈아이올로스가 오디세우스에게 바람의 자루를 주다 Aelus Gives Odysseus the Bag of Winds〉
펠레그리노 티발디(Pellegrino Tibaldi, 1527~1597)
1550~1551년, 프레스코화, 오디세우스의 방,
포지 박물관 소장(이탈리아 볼로냐)

본 아이올로스는 바람의 선물을 다시 주기로 결정했고, 비탄에 빠진 오디세우스는 이타카로 돌아가는 힘든 여정을 다시 한 번 시도해야 했다.

텔레필로스 섬의 라이스트리뤼곤족

밤의 어둠으로부터 섬은 멀리서 솟아 있었다. 이곳은 절벽의 형태에서 자연적 방어막과 좁은 통로를 가진 텔레필로스(Telepylos) 섬이었다. 각각의 배는 오디세우스를 제외하고는 절벽으로 둘러싸인 조용한 항구를 통과했다. 몇 가지 이유로 오디세우스는 몹시 사나운 파도 바깥으로 배를 정박했다.

두 명의 병사가 섬을 탐험하기 위해 해안으로 갔다. 그들은 우연히 소녀와 마주쳤는데, 소녀는 그들을 그녀의 아버지에게 데리고 갔다. 성

텔로필로스 섬의 라이스트뤼곤족

근처에서 그들은 거대한 여인을 보았고, 그녀는 남편을 소리쳐 불렀다. 그녀의 남편인 거인이 달려와서는 그들 중 한 명을 산 채로 게걸스럽게 먹었다. 공포에 질려서 다른 한 명이 달아나기 시작하자 그 섬에 사는 거인족들이 그를 추격했다. 항구에서 오디세우스의 병사들은 은신처로 달아났지만, 거인들이 그들의 배를 어마어마한 바위로 부수면서 살아 있는 그들을 향해 돌진했다. 섬 바깥에 배를 정박한 오디세우스와 몇 명의 병사만이 그들의 공격을 피해 배로 돌아올 수 있었다.

키르케 마녀

텔로필로스 섬에서 라이스트뤼곤족의 공격으로 대부분의 병사들을 잃고 간신히 목숨을 구한 채 오디세우스와 몇몇 병사들은 배를 타고 다시 바다를 떠돌았다. 그러다가 강력하고 매혹적인 마녀 키르케(Circe)의 집이 있는 아이아이에(Aeaea) 섬에 정박하였다. 키르케는 태양신 헬리오스와 바다의 요정 페르세이스(Perseis) 사이에서 태어난 딸로 마법에 능한 마녀이다. 강력한 마술의 힘으로 키르케는 이미 섬에 오디세우스 일행이 도착했음을 알고 있었다.

섬을 탐험하기 위해 보내진 오디세우스의 정찰병 몇 명이 키르케의 궁전으로 들어갔다. 장엄한 왕좌에 키르케가 앉아 있었고, 그녀 주변에는 예전에 인간들이었던 사자와 이리 등 야생동물들이 둘러싸고 있었다. 지팡이를 만지작거리면서 마법사는 힘센 병사들을 돼지로 변화시켰다. 병사들을 구하러 가던 중에 오디세우스는 헤르메스 신의 도움으로 키르케의 마법으로부터 자신을 보호하는 어떤 허브 차를 마셨다. 키르케가 오디세우스를 보았을 때 그녀는 자신의 주술이 효과가 없음을 알

〈오디세우스에게 잔을 건네는 키르케 Circe Offering the Cup to Odysseus〉
존 윌리엄 워터하우스(John William Waterhouse, 1849~1917)
1891년, 캔버스에 오일, 92×149cm, 개인 소장

앉다. 오디세우스의 요구대로 병사들은 인간의 형태로 되돌려주는 대신 마법사는 오디세우스와 동침을 요구했다. 오디세우스는 헤르메스의 충고대로 자신에게 위해를 가하지 않겠다는 맹세를 확인한 후에야 그녀와의 동침에 허락했다. 그렇게 오디세우스와 병사들은 아이아이에 섬에서 1년의 세월을 보냈다. 그러다가 마침내 오디세우스는 아이아이에 섬으로부터 탈출하여 계속해서 집으로 가는 길을 찾기로 결심했다. 그의 귀향에 대한 의지를 만류할 수 없었던 키르케는 미래에 그에게 무슨 일이 일어나는지를 알려주기 위해 지하세계의 눈먼 예언자 테이레시아스 (Teiresias)를 소개해주고 그에게 물어볼 것을 충고해주었다.

치명적인 매력의 세이렌

지하세계로 들어가서 살아 돌아온 사람은 없었다. 하지만 용감한 오디세우스는 고향 이타카에 도달하기 위하여 그의 여행을 계속 하기로 결정했다. 오디세우스와 병사들은 저승의 ✛아케론(Acheron) 강 해안가에서 하데스 신에게 희생물을 제공했다. 그리고 오디세우스는 혼자서 어두운 지하세계의 길을 걸어 들어갔다. 어느 틈에 지하세계의 눈먼 예언자 테이레시아스가 오디세우스 앞에 나타났다. 그는 오디세우스가 집으로 돌아가기 위해서는 스킬라(Scylla) 괴물과 그 맞은편의 위험한 소용돌이로 배를 삼키는 카리브디스(Charybdis) 사이를 통과해야 한다고 말해주었다.

지하세계를 떠나오면서 오디세우스와 그의 병사들은 육지를 보지 못한 채 많은 날들을 항해하고 있었다. 그러던 어느 날 이상하게 불안한 소리가 배 주변에서 들렸다. 그 소리는 오랜 여행에 지친 그들의 심장

✛ **아케론 강**
아케론 강은 슬픔과 고통의 강으로 저승을 감싸고 흐르는 강이다. 불의 강 플레게톤, 탄식의 강 코키투스, 망각의 강 레테, 증오의 강 스틱스와 함께 하데스의 나라를 아홉 물굽이로 감싸고 흐른다.

〈오디세우스(율리시스)와 세이렌 Ulysses and the Sirens〉
허버트 제임스 드레이퍼 (Herbert James Draper, 1864~1920)
1910년, 캔버스에 오일, 88.9×110.5cm, 페렌스 미술관(영국 요크셔)

을 잡아당기고 즐거움에 울음을 터프리게 하였다. 일단 오디세우스는 키르케가 그에게 경고한 세이렌(Siren)들이 접근하고 있음을 깨달았다.

　키르케는 세이렌의 소리를 듣게 된다면 모든 병사들의 귀를 밀랍으로 단단히 막으라고 말해주었다. 그렇게 하지 않으면 그들은 배에서 뛰어내려 세이렌 가까이로 갈 것이고, 그런 다음 날개 달인 괴물이 그들을 죽일 것이라고 충고해주었다. 오디세우스는 그의 부하들에게 귀를 막게 했지만, 자신은 그 이상한 노래를 듣기를 원했다. 그는 부하들에게 자신을 돛대에 묶으라고 명령했다. 세이렌을 만나기를 시도하다가 그 노랫소리에 홀려 바다로 뛰어내릴 수는 없었다.

〈오디세우스(율리시스)와 세이렌 Ulysses and the Sirens〉
존 윌리엄 워터하우스(John William Waterhouse, 1849~1917)
1891년, 캔버스에 오일, 202×100cm, 빅토리아 국립미술관 소장(오스트레일리아 멜버른)

　귀를 밀랍으로 틀어막은 부하들은 아무것도 들을 수 없었고, 드디어 세이렌 근처를 지나가게 되었다. 갑자기 노랫소리가 분명해지자 오디세우스는 자신을 옭아매고 있는 속박으로부터 빠져나와 자유롭게 세이렌을 향해 헤엄치게 해달라고 울부짖었다. 그곳은 매우 아름답고 매혹적이었다. 하지만 오디세우스를 옭아맨 밧줄은 매우 단단했고, 그의 병사들은 세이렌의 노랫소리도 그들의 리더가 풀어달라고 애원하는 소리도 들을 수 없었다. 배가 멀리 나아가자 세이렌의 소리도 점차 사라졌다. 바다를 지나는 남자들을 아름다운 노랫소리로 유혹하여 스스로 바다에 뛰어들어 죽음에 이르게 하는 세이렌들은 날개 달린 새의 모습에서 후대에는 인어의 모습으로 표현되기도 한다. 그녀들은 남자들을 유혹해서 잡아먹는 괴물의 이미지에서 치명적 마력의 요정으로 바뀌었다.

스킬라와 카리브디스

　지하세계의 눈먼 예언자 테이레시아스의 충고에 따라 오디세우스는 머리 여섯 개 달린 괴물 스킬라에게 근접하는 길을 선택했다. 스킬라는 머리 여섯 개 달린 뱀 모양의 바다 괴물이자 그 맞은편은 폭력적 소용돌이를 일으키는 카리브디스를 가지고 있었다. 테이레시아스는 오디세우스에게 더 이상의 병사들을 잃지 않고 통과하기 위해서는 여섯 명의 병사를 스킬라에게 희생시켜야 한다고 충고해주었다.

　원래 스킬라는 글라우코스(Glaucus)의 짝사랑을 받던 아름다운 요정이었다. 글라우코스는 어부였다가 신성을 얻은 바다의 신이다. 그는 스

여인이 얼굴에 새의 몸통과 날개와 다리를 가진 세이렌들이 오디세우스를 유혹하기 위해 다가오고 있고, 밧줄에 묶인 오디세우스는 절대로 그 유혹에 넘어가지 않으려고 버티고 있다. 귀를 막은 병사들도 세이렌의 공격에 아랑곳하지 않고 노를 젓고 있다.

킬라의 사랑을 얻기 위해 마녀 키르케를 찾아가 마법의 약을 만들어달라고 부탁하였다. 그런데 사랑에 빠진 그를 본 키르케가 그에게 연민을 느끼면서 자신과 사랑할 것을 요구했지만 글라우코스가 이를 거절하자 스킬라에 대한 질투심으로 그녀를 머리 여섯 개 달린 뱀의 형상으로 만들어 바위에 뿌리 박혀 꼼짝하지 못하게 만들었던 것이다.

스킬라와 카리브디스

스킬라와 카리브디스 사이의 해협 입구에 도달하자 병사들은 공포에 움츠러들었다. 오디세우스만이 조용히 바다를 응시하고 있었다. 그는 다수의 병사들을 구하기 위해 여섯 명의 병사들을 스킬라의 희생양으로 내어주어야 했다. 그들이 스킬라를 통과하려는 때 그녀는 여섯 명의 병사들을 잡아갔고 그제야 나머지 일행을 안전하게 통과하도록 허락했다. 오디세우스는 그가 희생시켜야만 했던 그 병사들의 울부짖음을 결코 잊을 수 없었다. 그 위험한 순간의 끝에 그는 자신의 배신감으로 슬퍼해야 했다. 그는 누구에게도 이러한 사실을 알려주지 않았다. 그들의 희생으로 배는 카리브디스를 가까스로 생존하여 빠져 나왔다.

헬리오스의 신성한 소

호된 시련으로부터 지치고 피곤해진 오디세우스는 트리나키아(Thrinacia) 섬에 닻을 내렸다. 이 섬은 태양신 헬리오스(Helios)가 소떼

〈헬리오스의 소들을 훔치다 Theft of the Cattle of Helios〉
펠레그리노 티발디(Pellegrino Tibaldi, 1527~1597)
1550~1551년, 프레스코화, 오디세우스의 방, 포지 박물관 소장(이탈리아 볼로냐)

들을 자유롭게 방목하는 신성한 곳이었다. 헬리오스의 아버지는 티탄 신족 히페리온(Hyperion)이고, 어머니는 빛의 여신 테이아(Theia)이다. 달의 여신 셀레네(Selene)와 새벽의 여신 에오스(Eos)의 남매이며, 키르 케와 파에톤의 아버지이다. 헬리오스는 태양신 아버지 히페리온에게서 태양신의 자리를 물려받아서 매일 아침 네 마리의 말이 끄는 전차를 타 고 동쪽 궁전을 나와서 하늘의 창공을 가로질러 저녁에 서쪽의 끝에 도 착한 후 대륙을 감싸는 대해양 오케아노스(Oceanus)에 황금의 술잔을 띄우고 밤중에 다시 동쪽의 궁전으로 돌아오는 신이다.

눈먼 예언자 테이레시아스와 키르케는 헬리오스가 신성하게 여기는 소들을 절대로 건드리면 안 된다고 미리 경고했다. 아무리 배가 고파도 심지어 오디세우스조차도 이곳에 있는 어떤 소도 절대로 건드리면 안 된다고 알려주었지만, 그의 병사들은 너무 배가 고픈 나머지 그의 경고를 거스르고 소를 잡아 도살한 후 축하연을 열었다.

오디세우스 일행이 자신의 신성한 소들을 잡아먹은 사실을 안 헬리오스는 즉시 제우스에게 불평을 하면서 결코 다시는 태양이 떠오르지 못하게 지하세계로 태양을 보냄으로써 복수를 맹세했다. 그리고 헬리오스의 분노에 제우스가 응답하여 오디세우스의 배는 트리나키아 섬을 떠나면서 천둥번개를 맞았고, 오디세우스를 제외하고 모두 해안에서 죽었다. 몸부림치던 오디세우스는 스킬라와 카리브디스로 휩쓸려갔고, 잘 알려지지 않은 섬의 해안가로 쓸려 왔다.

칼립소와 보낸 7년

한참 후 눈을 뜬 오디세우스는 자신이 오기기아(Ogygia) 섬에 있다는 것을 알았다. 해변에 의식을 잃고 쓰러진 오디세우스는 전설의 섬에 살고 있는 아름다운 요정 칼립소(Calypso)에 의해 발견되었다. 그리스어로 '감추는 여자'라는 뜻의 칼립소는 티탄 신족 아틀라스의 딸이다. 풍랑에 떠밀려 해변으로 쓸려 온 오디세우스를 보자마자 사랑에 빠진 칼립소는 사랑의 불멸성을 약속하며 그를 7년 동안 붙잡아 두었다. 하지만 고향으로 돌아가고자 하는 오디세우스의 마음을 꺾지는 못했다. 오디세우스는 고향 이타카의 가족, 불행한 아내, 그리고 청년으로 성장했을 아들을 보고 싶은 욕구를 느꼈다.

〈오디세우스와 칼립소 Odysseus and Calypso〉
아르놀트 뵈클린(Arnold Böcklin, 1827~1901)
1883년, 캔버스에 오일, 104×150cm, 바젤 미술관 소장(스위스 바젤)

고향의 가족을 향한 오디세우스의 그리움이 망부석처럼 그려져 있다. 이를 지켜보는 칼립소의 마음은 어찌할 수 없는 슬픔이다.

칼립소와 같이 아름답고 강력한 여신조차도 오디세우스의 마음에 일렁이는 결핍을 느끼지 못하게 할 수는 없었다. 그러나 칼립소는 그와 사랑에 빠졌고, 그를 이대로 돌아가게 내버려둘 수 없었다. 어찌해야 한다 말인가? 사랑의 감정은 너무나 강렬하여 그것을 쉽게 내려놓지 못한다. 그래서 강렬한 감정을 가진 이에게 사랑이란 주는 것이 아니라 가지는 것이 더 맞는 감정일지도 모른다. 칼립소는 자신의 애착과 그의 결핍 사이에서 미칠 듯한 거리감을 느꼈다. 그럴수록 더욱 그에게 집착했다. 세상의 모든 재물과 권력과 불멸을 주어도 가지도 못하는 것에 대한 갈증이 집착으로 이어지고 있었다.

이 불행한 상황을 지켜보던 오디세우스의 수호자인 아테나 여신이 올림포스 신들에게 오디세우스의 처지를 하소연하였고, 결국 제우스는 헤르메스를 보내 오디세우스를 놓아주라고 명령하였다. 전령의 신 헤르메스가 칼립소 앞에 나타나 오디세우스를 고향으로 보내주라고 명령하자 칼립소는 더 이상 자신의 미련이 소용없음을 알고 오디세우스가 고향으로 돌아가도록 도움을 주었다.

어느 날 마침내 오디세우스는 자신이 만든 뗏목을 타고 이타카를 향해 출발했다. 하지만 다시 한 번 소용돌이의 중앙에 갇혔고, 또 다른 이상한 땅의 해안가에 닿았다.

텔레마코스의 여행

오디세우스의 아들 텔레마코스는 아버지 없이 어머니 페넬로페에 의해 길러졌고, 아버지의 오랜 친구 멘토르(Mentor)에 의해 교육 받았다. 성장 과정에서 그는 어머니의 비애를 알게 되었다. 10년이 지나 트로이 전쟁의 끝나도 오디세우스가 돌아오지 않자 많은 남성들은 그녀에게 구혼을 하며 성가시게 굴었다. 그녀는 매일같이 교묘한 속임수로 구혼자들을 피해 다녔다. 그녀는 구혼자들에게 오디세우스의 아버지를 위한 수의를 짜고 있다고 말했고, 그것이 완성될 때 그들 중의 누군가와 결혼할 생각이라고 말했다. 하지만 페넬로페는 매일 낮에는 옷을 짜고 밤에는 그것을 풀어버림으로써 구혼자들을 속여 왔다. 어쨌든 구혼자들은 막연히 기다릴 수밖에 없었다. 그런데 한 시녀가 그동안 페넬로페가 그들을 속여 왔음을 누설함으로써 108명의 구혼자들은 그녀를 찾아와서 이타카 왕국에 정식으로 구혼을 요청했다.

〈페넬로페와 그녀의 구혼자들 Penelope and her Suitors〉
존 윌리엄 워터하우스(John William Waterhouse, 1849~1917)
1912년, 캔버스에 오일, 178×127cm, 개인 소장

　텔레마코스는 자신의 힘으로는 그들을 몰아낼 수 없음을 알고 있었다. 그가 스무 살이 되었을 때 아테나 여신은 그에게 용기를 심어주며 오래전 떠난 그의 아버지를 찾아 나설 것을 권유했다. 아테나 여신의 도움으로 그는 충실한 병사들을 데리고 메넬라오스(Menelaus)를 만나기 위해 스파르타로 출발했다. 하지만 불행하게도 메넬라오스는 어떠한 소식도 알지 못했고, 텔레마코스는 실망하여 이타카로 되돌아왔다. 아버지를 찾아 떠난 여행에서 그 역시 많은 경험과 지혜를 쌓으면서 성장하는 기회를 얻게 된다.

〈동굴에서 텔레마코스와 멘토르를 맞이하는 칼립소 Calypso receiving Telemachus and Mentor in the Grotto〉, 윌리엄 해밀턴(William Hamilton, 1751~1801), 1791년, 캔버스에 오일, 203×159cm, 개인 소장

〈동굴에서 텔레마코스와 멘토르를 맞이하는 칼립소Calypso receiving Telemachus and Mentor〉 그림에서는 마치 조각상 같이 그려진 칼립소 여신이 그림을 압도하고 있다. 몸의 형태를 드러내는 하얀 드레스는 고전적 영감을 불러일으키고 매혹적 감정을 전달해준다. 아름다운 청년으로 성장한 텔레마코스는 20년 동안 소식을 알지 못하는 아버지 오디세우스를 찾기 위해 아버지 친구 멘토르와 여행을 하다가 칼립소의 섬에 난파되었다. 그곳에서 그들은 아름다운 요정 칼립소를 만난다. 칼립소는 자신의 사랑을 뿌리치고 떠난 오디세우스를 여전히 그리워하고 있었고, 텔레마코스를 보자마자 즉시 그가 오디세우스의 아들임을 인식했지만, 그녀는 그가 누구인지 모른 척했고, 어느 누구도 자신의 섬에 들어오지 않았다고 말해주었다. 텔레마코스는 칼립소에게 자신의 아버지가 누구인지 말해주었고, 그녀에게 자비심을 베풀어주기를 부탁하였다. 칼립소는 젊은 텔레마코스에게 강한 인상을 받아 그에게 따뜻한 인사를 건네고, 그 섬의 아름다움을 보여주었다. 그리고 그의 아버지 오디세우스가 사실상 이 섬에 머물렀으며, 자신이 그를 사랑했음에도 가족을 그리워해서 떠났다고 말해주었다. 텔레마코스는 아버지가 살아 있다는 희망에 힘을 얻었고, 이 섬에 도착하기 전에 자신이 겪은 모험 이야기를 들려주며 혼자 남은 그녀를 위로해주었다.

파이아케스족

끔찍한 폭풍 후에 오디세우스가 밀려온 곳은 스케리아(Scheria) 섬이라고 불리는 파이아케스족(Phaeacians)의 땅이었다. 몇몇 역사가들은 이곳을 현재의 코르푸(Corfu)라고 믿는 곳이다. 그 섬의 공주 나우시카

〈오디세우스와 나우시카 Odysseus and Nausicaa〉
장 베베르(Jean Veber, 1868~1928)
1888년, 캔버스에 오일, 에콜 데 보자르 소장(프랑스 파리)

(Nausicaa)는 해변을 산책하다고 기진맥진해 쓰러진 오디세우스를 발견
했다. 그녀는 아버지 알치노스(Alcinous) 왕과 어머니 아레테(Arete) 여
왕의 궁전으로 그를 데리고 왔고, 왕국의 사람들은 지친 그를 위로하고
환대해주었다.

　　오디세우스는 궁전에 머무는 동안 트로이 전쟁을 읊어주는 서정시인
데모도코스(Demodocus)의 노래를 들었다. 전쟁 이야기와 그가 제작한
트로이의 목마에 대한 이야기를 듣자 오디세우스의 가슴에 슬픔이 밀려
왔다. 결국 오디세우스는 전우들의 죽어가던 모습, 오는 도중 죽음을 맞
이하여 함께하지 못한 모든 이들에 대한 그리움, 그리고 그동안 겪은

〈알치노스 궁전에서의 오디세우스 Odysseus at the Court of Alcinous〉
프란체스코 하예즈(Francesco Hayez, 1791~1882)
1813~1815년, 캔버스에 오일, 119×150cm, 카포디몬테 박물관 소장(이탈리아 나폴리)

모든 고난과 좌절을 생각하며 눈물을 흘리고 말았다. 참고 참았던 슬픔이 단단한 영웅을 나락으로 떨어지게 만들었다. 그 주변에 모여 있던 사람들은 그가 진정 누구이고 왜 그 이야기 때문에 눈물을 흘리는지 궁금해 했다. 그래서 오디세우스는 자신의 정체를 드러내며 말했다.

"그동안 내가 겪었던 시련과 좌절, 여기까지 오기까지 거친 파도와 괴물들과의 싸움, 그리고 나를 흔들던 유혹과 욕망들에 대해 말씀드리겠습니다."

호메로스의 《오디세이아》 첫 문장도 이렇게 시작한다.

"들어주소서, 뮤즈여! 트로이의 신성한 도시를 파괴한 뒤 수많은 고

〈파이아케스 땅으로부터 오디세우스의 출발 Departure of Ulysses from the Land of the Phaeacians〉
클로드 로랭(Claude Lorrain, 1604/1605~1682)
1646년, 캔버스에 오일, 119×150cm, 루브르 박물관 소장(프랑스 파리)

난을 경험한 임기응변에 능한 그 남자의 이야기를…."

화가는 〈알치노스 궁전에서의 오디세우스 Odysseus at the Court of Alcinous〉 그림에서 눈먼 음유시인 데모도코스를 호메로스로 그리고 있는데, 그 늙은 시인은 비파를 들고 트로이 전쟁에 대해 읊조리고 있다. 그 앞쪽에 서 있는 오디세우스는 그의 노래를 듣고 그동안의 시련과 고난을 생각하며 참아왔던 눈물을 흘리고 있다. 강인한 영웅이라는 이미지와는 달리 두 손으로 얼굴을 가리고 울고 있는 이 장면은 결국 터져버린 오디세우스의 말할 수 없는 고통을 헤아리게 한다.

오디세우스는 그곳에 모인 사람들에게 과거를 회상하며 트로이의 함락부터 10여 년 동안 그가 걸어온 고난에 찬 여정을 들려주었다. 그리고 이제 그의 고향 이타카로 가기 위한 투쟁을 말해주었다. 그의 시련과 좌절을 들은 파이아케스 사람들은 그들이 설계한 최상의 가장 빠른 배를 그에게 주며 행운을 빌어주었다. 마침내 오디세우스는 이타카로 돌아올 수 있었고, 트로이로 떠난 지 20년 동안 헤어졌던 그의 아내 페넬로페와 아들 텔레마코스를 만날 수 있다는 열망에 사로잡혔다.

마침내 이타카로 돌아오다

이타카에 도착한 오디세우스는 누구의 주목도 끌지 않았다. 궁전에 도착해서는 거의 거지의 외양이었다. 그는 먼저 옛날 신하를 만났고, 사랑하는 아들 텔레마코스를 만났다. 그들로부터 오랫동안 페넬로페를 괴롭힌 구혼자들에 대한 이야기를 들을 수 있었다. 그런 다음 오디세우스는 여전히 거지 행상을 하고 그를 알아보지 못하는 그의 아내를 만났다.

그는 페넬로페에게 남편 오디세우스가 트로이 전쟁을 어떻게 승리를 이끌었는지 그 용감성에 대해 말해주었다. 이 이야기를 듣자 그녀의 눈에서 눈물이 흘렀다. 스스로를 진정시키면서 그녀는 궁전 주변에 항상 떠돌고 있는 구혼자들에게 다가가 그들에게 간단한 임무를 주고, 오디세우스의 활과 화살로 서로 묶인 12개 손도끼를 통과해서 맞히는 사람들 중 한 명과 결혼하겠다고 공표했다.

구혼자들은 첫 번째로 성공하기 위해 서로 밀쳐댔지만, 그들은 그 임무가 불가능하다는 것을 거의 알지 못했다. 오디세우스의 물건인 활을 당기는 것은 쉬운 일이 아니었다. 왜냐하면 그것은 짐승 같은 힘이 아

〈오디세우스의 귀환 The Return of Odysseus〉
핀투리키오(Pinturicchio, 1454~1513)
1508~1509년, 캔버스에 프레스코, 124×146cm, 내셔널갤러리 소장(영국 런던)

닌 솜씨 좋은 기술을 요구했기 때문이다. 한 사람 한 사람 각 구혼자가
그의 행운을 빌었지만 소용이 없었다. 마침내 오디세우스가 활을 잡고
그것을 쉽게 당겼다. 하나의 유연한 동작에서 화살이 날아가 12개 손도
끼 모두를 관통했다. 그 후 혼란이 일어났다.

  자신의 진정한 정체성이 드러남으로써 오디세우스는 텔레마코스와
양돈가 에우마이오스(Eumaeus)의 도움으로 구혼자들을 모두 처단하기
시작했다. 108명의 구혼자들이 궁전에서 깨끗이 사라졌다. 구혼자들뿐
만 아니라 구혼자의 노예가 된 시종들도 모두 참수형으로 처해졌다. 페

넬로페는 이 대량 학살 소식을 듣고 궁전으로 달려갔다. 갑작스런 사건의 홍수로 마음이 혼란스러워지자 그녀는 이 이상한 거지가 오래전 떠나 돌아오지 않은 진짜 남편 오디세우스인지 도무지 믿을 수가 없었다. 그래서 그에게 다른 임무를 주었다.

페넬로페는 오디세우스 앞에서 시종들에게 그녀의 침대를 홀 바깥으로 꺼내서 없애기를 명령했다. 이를 듣고 오디세우스는 화가 나서 이 침대는 오크 나무로 자신이 손수 디자인하여 만든 것이라고 말하면서 그녀의 생각에 반대했다. 페넬로페는 기뻐하며 오디세우스에게로 달려가 눈물을 흘리면서 그를 힘껏 안았다. 이 남자가 그녀에게 돌아온 사랑하는 남편임을 확신했기 때문이다. 오디세우스만이 그들 침대에 대한 비밀을 알고 있었고, 그의 말은 그를 믿기에 필요했던 증거였던 것이다.

그러나 이것은 오디세우스 이야기의 끝이 아니다. 예언자 테이레시아스는 그가 이타카의 왕으로 자신을 거듭 주장한다면 배의 노를 잡고 섬을 여행해야 한다고 알려주었다. 몇 년 후 오디세우스는 텔레마코스에게 이타카의 왕관을 물려주고 아내 페넬로페를 떠나 반대편 섬으로 여행을 떠났다.

많은 날들이 지나 그는 여행이 무엇인지 알지 못하고, 어디로 가는지도 알지 못하는 사람들을 구하기 위해 헤매었다. 그 사람들은 여행을 노를 젓는 정도로 인식했다. 어느 날 이타카의 해안 반대쪽 먼 섬에서 오디세우스는 우연히 바다를 본 적 없고, 그래서 노가 무엇인지 모르는 사람들을 만났다. 거기에서 오디세우스는 그의 인생 여행을 멈추고 그의 신부로 그 지방의 공주와 함께했다. 많은 세월이 흘러 그는 이 사람들 가운데 살았다. 그리고 바다로부터 멀리, 그의 가족과 그리운 이타카로부터도 먼 이곳에서 마지막 숨을 거두었다.

비극의 영웅, 오이디푸스

인간의 욕망과 한계

신탁의 저주

테베의 왕 라이오스(Laius)는 이오카스테(Jocasta)와 결혼했다. 그런데 라이오스 왕이 델포이로부터 받은 신탁이 문제였다. 태어나는 아들이 자신을 죽이고 아내와 결혼한다는 것이었다. 그래서 라이오스 왕은 신탁의 예언을 피하기 위해 이오카스테가 아이를 낳았을 때 아이의 발목을 묶어 부하에게 산꼭대기로 데려가 버리라고 명령했다. 산속에 버려져 곧 죽을 줄 알았던 아이는 양치기에게 발견되었고, 아이에게 연민을 느낀 양치기는 아이를 산에서 데리고 내려왔다. 그리고 아이가 없어 고민하는 코린토스의 왕과 왕비에게 아이를 데리고 갔다. 왕과 왕비는 아이를 오이디푸스(Oedipus)라고 이름 지어주었는데, 그 의미는 그리스어로 '부풀어 오른 발'이라는 뜻이다.

오이디푸스는 성장하면서 자신의 출생의 비밀을 모른 채 성장하였다. 청년이 된 어느 날 코린토스의 사람이 오이디푸스가 왕의 친자식이 아니라 주워온 자식임을 알려주었다. 오이디푸스는 양아버지에게 자신의 출생에 대해 물어보았지만, 자세히 알려주지 않자 델포이의 아폴론 신탁을 찾아가게 된다. 그런데 신탁은 출생의 비밀 대신에 그가 자신의 아버지를 죽이고 어머니와 결혼한다는 충격적 예언을 들려주었다. 아폴론 신의 예언에 충격을 받은 오이디푸스는 그 예언의 부모가 양아버지와 양어머니로 착각하여 예언을 피하기 위해 코린토스를 영원히 떠나기로 결심한다.

아버지를 살해하다

코린토스를 떠난 오이디푸스가 테베 근처를 여행하고 있을 때, 운명의 장난처럼 라이오스 왕을 만났다. 라이오스 왕은 반은 사자이고 반은 인간인 스핑크스(Sphinx)라는 괴물이 나타나 나라를 어지럽히자 신에게 도움을 청하고자 델포이 신탁으로 가는 길이었다. 하지만 오이디푸스는 라이오스 왕이 자신의 친아버지인지 알지 못한 채 그와 마주친 것이다. 라이오스 왕은 오이디푸스에게 길을 비켜달라고 말했지만, 오이디푸스는 이에 응하지 않고 왕을 포함하여 그들 일행을 죽이고 만다. 이로써 아버지를 죽인다는 신탁의 예언이 이루어졌다.

오이디푸스와 스핑크스

그 사이 왕국에서는 죽은 라이오스 왕을 대신해 이오카스테의 오빠인 크레온(Creon)이 섭정을 하고 있었다. 왕의 죽음과 스핑크스의 공포로 나라가 어수선하자 민심을 잡기 위해 크레온은 누구든 수수께끼를 풀고 스핑크스를 죽이면 라이오스 왕의 미망인 이오카테스와 결혼하여 테베의 왕위를 물려주겠다고 공포하였다.

스핑크스의 수수께끼

오이디푸스가 테베에 도착했을 때 끔찍한 괴물인 스핑크스가 바위에 앉아 테베의 관문을 지키고 있었다. 스핑크스는 그 도시로 들어가려는 모든 사람들에게 수수께끼를 물었고, 오이디푸스는 수수께끼를 풀지 못하면 누구든 잡아먹는다는 것을 기억하고 있었다. 만약 수수께끼에 답을 할 수 있다면 스핑크스는 그를 가게 할 것이지만. 답을 하지 못한다면 그를 잡아먹을 것이다. 어느 누구도 그 답을 풀지 못한 채 마침내 스핑크스가 오디세우스에게 수수께끼를 물었다.

"아침에는 네 발로 다니고, 점심에는 두 발로 다니며, 그리고 저녁에는 세 발로 다니는 것이 무엇이냐?"

오이디푸스가 생각에 잠겨 있다가 그 수수께끼에 대해 설명하기 시작했다.

"내 답은 사람이다. 그들의 인생에서 아침에는 아기로서 네 발로 기어 다니고, 그들의 인생에서 점심에는 성인으로서 두 발로 걸어 다니고, 그들의 인생에서 저녁에는 노인으로서 지팡이를 가지고 다니니 세 발로 다니는 것이다."

〈오이디푸스와 스핑크스 Oedipus and the Sphinx〉
귀스타브 모로(Gustave Moreau, 1826~1898)
1864년, 206×105cm
메트로폴리탄 박물관 소장(미국 뉴욕)

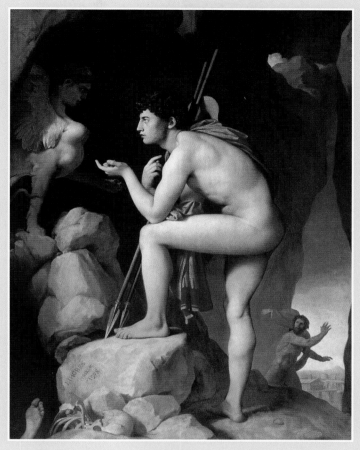

〈스핑크스의 수수께끼를 설명하는 오이디푸스 Oedipus Explaining the Enigma of the
Sphinx〉, 장 오귀스트 도미니크 앵그르(Jean Auguste Dominique Ingres, 1780~1867)
1808년, 캔버스에 오일, 189×144cm, 루브르 박물관 소장(프랑스 파리)

"옆모습의 보이지 않는 곡선을 통해 그림의 주인공이 어떤 조각상처럼 보이지 않게 했
다. 꼿꼿이 세운 머리 아래 나타난 목의 근육을 표현하는 주름이며, 마르고 신경질적인
무릎 안쪽의 오금, 피곤한 모습들을 과거 조각가들은 감히 시도도 못했을 것으로 보일
정도로 생생하게 드러내 보이고 있다."(샤를 블랑, 《교양 서양미술》, 155쪽)

오이디푸스가 정확하게 수수께끼를 풀자 스핑크스는 분을 이기지 못하고 바위에서 뛰어내려 죽었다. 그리고 오이디푸스는 테베로 들어올 수 있었다. 그가 테베로 들어왔을 때 테베 사람들은 누군가가 그들의 왕 라이오스를 죽였기 때문에 매우 흥분해 있었다. 하지만 오이디푸스가 스핑크스의 수수께끼를 풀었다는 소식을 듣고 매우 기뻐했다. 그래서 그들은 오이디푸스를 그들의 새로운 왕으로 맞아들이게 되었다.

마침내 드러난 진실

결국 오이디푸스가 친어머니 이오카스테와 결혼함으로써 두 번째 예언이 이루어졌다. 그들은 아들 에테오클레스(Eteocles)와 폴리네이케스(Polynices)와 딸 안티고네(Antigone)와 이스메네(Ismene)를 두었다. 하지만 그 아이들 또한 그의 형제자매인 것을 알지 못했다.

반면 오이디푸스가 그의 행복의 최고조에 있을 때, 테베에 전염병이 돌고 있었다. 오이디푸스는 크레온을 델포이 신탁으로 보내 전염병의 원인을 알아오도록 보냈다. 신탁의 대답은 전염병을 멈추기 위해서 라이우스 왕의 살인자를 찾아 엄벌하라는 것이었다. 이 사건을 파헤치던 중 오이디푸스는 테베로 오던 중 자신이 죽인 일행 중 라이우스 왕을 죽인 사실을 알게 되었고, 그가 친아버지라는 사실과 그가 결혼한 이가 바로 친어머니라는 사실을 알게 되었다. 충격과 고통 속에서 오이디푸스는 진실을 따를 것인지에 대해 고민했다. 마침내 이오카스테가 그의 어머니이고 아내임이 알려지자 이오카테스는 스스로 목을 매달아 죽고 말았다. 그런 다음 오이디푸스는 그녀의 드레스에서 두 개의 핀을 뽑아 자신의 눈을 찔러 장님이 되었다. 이것이 비극의 시작이었다.

〈신들에게 그의 아이들을 위탁하는 눈먼 오이디푸스 The Blind Oedipus Commending his Children to the Gods〉
베니녜 가녜로(Bénigne Gagneraux, 1756~1895)
1784년, 캔버스에 오일, 122×164cm, 내셔널갤러리 소장(영국 런던)

이 비극적 사실을 듣고 오이디푸스의 두 딸과 두 아들이 달려와 비통한 마음으로 울부짖었다. 결국 큰 딸 안티고네는 가여운 아버지의 눈이 되어 주기고 하고 그들은 테베로부터 추방당한다. 이후 오이디푸스는 테베를 떠나 떠돌이 생활을 하다가 쓸쓸히 죽었다.

안티고네의 비극

테이레시아스의 예언대로 아버지가 죽은 뒤 안티고네는 다시 테베로 돌아온다. 그리스 비극 시인 소포클레스(Sophocles, B.C. 496~406)는

<오이디푸스와 안티고네 Oedipus and Antigone> 또는 <테베의 역병 The Plague of Thebes>
샤를 자라베(Charles Jalabert, 1819~1901)
1843년, 캔버스에 오일, 115×147cm, 마르세유 미술관 소장(프랑스 마르세유)

《안티고네Antigone》라는 희곡에서 테베로 돌아온 안티고네의 비극적 여정을 보여준다. 안티고네는 왕위 다툼을 벌리는 두 남자 형제인 폴리네이케스와 에테오클레스를 화해시키기 위해 애를 쓰지만, 에테오클레스에 의해 쫓겨난 폴리네이케스가 아르고스의 군대를 이끌고 들어와 에테오클레스를 공격함으로써 결국은 둘 다 죽게 되었다. 이로 인해 그녀의 외삼촌 크레온이 왕위를 차지하게 되었는데, 크레온은 에테오클레스의 장례는 성대히 치러주었지만, 외부 군대를 이끌고 온 폴리네이케스는 반역자로 규정하여 장례를 치르지 못하게 하였다. 하지만 안티고네는 가족을 위한 것이 국법보다 우선한다고 생각하여 폴리네이케스를 묻어 주려 하였다. 반면 크레온은 개인보다는 국가를 우선시함으로써 서

〈오이디푸스와 안티고네 Oedipus and Antigone〉
프란츠 디트리히 (Franz Dietrich, 1838~1890)
1872년, 캔버스에 오일, 223.6×193cm
크로커 미술관 소장(미국 캘리포니아)

로 충돌하게 되자 안티고네를 감옥에 가두게 된다. 안티고네도 크레온도 자신의 생각과 주장을 한 치도 굽히지 않았고, 결국 안티고네는 크레온에 의해 처형되기 전에 스스로 목을 매 비참한 최후를 맞이했다. 곧이어 크레온의 비극이 시작된다. 안티고네의 약혼자이자 크레온의 아들 하이몬(Haemon)은 그녀를 사랑하고 있었기에 아버지를 원망하며 자결했으며, 아들의 죽음을 목도한 크레온의 아내 에우리디케 (Eurydice)도 자살로 생을 마감하였다.

오이디푸스의 가족들은 모두 인간적 한계를 가지고 있었다. 그리스 비극은 왜 그들이 비극적 최후를 맞이할 수밖에 없었는지를 보여주는데, 그것은 신과 인간 사이의 갈등, 개인과 국가 사이의 갈등이라는 모순된 충돌 속에서 일어났으며, 인간의 한계를 인정하지 않는 욕망의 극대화가 나와 타인의 인생을 어떻게 파멸로 이끄는지를 보여주었다. 권력에 집착한 에테오클레스와 폴리네이케스, 자신이 생각만이 옳다고 고집한 크레온의 아집, 가족이라는 틀에 얽매인 안티고네, 사랑에 집착한 하이몬과 그의 어머니는 모두 비극적인 죽음을 맞이하였다. 오이디푸스 가족의 비극은 그렇게 모순과 욕망 속에서 인간적 문제를 남기고 비극적 예언을 완성했다.

<갈라테이아의 승리>
라파엘로 산치오
1511년, 프레스코화
빌라 파르네시나 소장

5

절망에서
희망으로

다이달로스와 이카로스

불가능에의 도전

크레타 섬으로의 추방

인간은 불가능성에 도전하기 위해서 발견과 탐험을 통해 그 한계에 자신을 밀어 넣는다. 피할 수 없는 이러한 인간의 운명은 다이달로스 (Daedalus)와 이카로스(Icarus)에게서 엿볼 수 있다. 이 신화는 어떻게 필요가 발명의 어머니가 될 수 있는지에 대한 이야기이며, 무엇이 이카로스의 추락을 이끌었는지에 대해 생각하게 하는 이야기이다. 또한 인간의 힘은 한계가 없을 뿐 아니라 이 힘을 어떻게 조심스럽게 사용해야 하는지를 보여준다.

옛날에 훌륭한 기술자로 잘 알려진 예리하고 영리한 마인드의 다이달로스라는 사내가 아테네에 살고 있었다. 그는 대장장이 헤파이스토스 신의 후손이다. 그의 지식은 그가 살고 있는 아테네 지역을 넘어 훨씬 멀리까지 알려질 정도였다. 그는 조카 타로스(Talus)라는 젊은 견습공을 자신의 작업장에 채용했다. 타로스는 엄청나게 재능 있는 젊은이였고, 그의 삼촌을 능가하는 기술자로서의 자질을 보여주기 시작했다. 그러자 인간의 본성에 따라 다이달로스는 타로스의 재주에 질투를 느끼기 시작했다. 어느 날 아크로폴리스를 방문하는 동안 다이달로스는 그를 성벽 가장자리 아래로 밀쳐 떨어뜨렸다. 또 다른 이야기에는 다이달로스가 밀쳤던 사람은 타로스가 아니라 그의 여동생의 아들인 페르딕스(Perdix) 라고도 말한다. 이 순간을 지켜보던 자비로운 아테나 여신이 추락을 멈추기 위해 그를 새로 변화시켜 안전하게 땅에 떨어지게 했다고 한다. 전설에는 이 새가 자고새(Partridge)로 알려져 있다. 과거의 비극적 운명 때문이었는지 이 새는 주로 높은 곳을 피하고 울타리에 깃들어 산다.

이 사건으로 다이달로스는 가장 정당하고 공평하다는 아테네 최고의 법정에서 재판을 받아야 했다. 그 결과 다이달로스는 살인 혐의로 아테네로부터 추방되어 크레타 섬으로 추방되는 형벌을 받았다.

자고새

✛ 크노소스 궁전
크레타 섬의 미노아 문화 유적을 보여주는 곳으로 기원전 2000년경 축조되었으나, 지진으로 기원전 1750년경 무너진 후 다시 재건되어 기원전 1400년경 대지진 혹은 미케네의 침략에 의해서 최종적으로 파괴되었다. 테세우스와 미노타우로스의 전설적 무대가 되었던 라비린토스(미궁)는 크노소스 궁전이라고 여겨지고 있다. 1900년 발굴이 시작된 이래 수많은 벽화와 도기 등이 발견되어 당시의 뛰어난 고대 문명을 보여주고 있다.

미궁을 설계하다

크레타 섬은 제우스와 에우로페의 아들인 미노스(Minos) 왕에 의해 통치되고 있었다. 다이달로스는 이곳 ✛크노소스(Knossos) 궁전에서 기술자로서 일하고 있었다. 세월이 흘러 그는 왕의 여종인 나우크라테(Naucrate)와 사랑에 빠져 그녀와 결혼했다. 그들은 축복 속에 태어난 아들을 '이카로스'라고 이름 지었다.

미노타우로스

어느 맑은 날 미노스 왕이 다이달로스를 부를 때까지 그들의 일상은 별 일 없이 흘러갔다. 왕은 인간의 몸과 황소의 머리와 꼬리를 한 미노타우로스(Minotaur)를 위한 울타리를 세우고 건축물을 설계하기를 원했다. 이 괴물은 사실상 미노스 왕의 아들이 아니라 그의 아내 파시파에(Pasiphae)의 아들이었다.

오래전 크레타의 왕위를 물려받을 때 미노스 왕과 그의 형제들 사이에 언쟁이 있었다. 미노스는 포세이돈에게 왕위의 요청하는 열렬한 기도를 올렸다. 미노스의 헌신에 인상을 받은 바다의 신 포세이돈은 그가 최고의 통치자가 되는 징조로 그에게 새하얀 황소를 보냈다. 뛸 듯이 기뻐하며 미노스는 황소를 바다의 신에게 제물로 바칠 것을 맹세했지만, 인간의 본성에 따른 탐욕에 사로잡혀 그 황소를 제물로 바치지 않았다. 미노스의 불경과 믿음에 대한 배신으로 화가 난 포세이돈은 파시파에를 유혹하여 황소와 사랑에 빠지게 함으로써 복수를 단행했다.

황소에 대한 욕망으로 정신이 나간 파시파에는 다이달로스에게 속이 빈 나무로 된 암소를 만들어달라고 요구했다. 이 이상한 고안품을 가지고 그녀는 황소를 향하여 요염하게 나아갔다. 그리고 그들의 기괴한 합일의 결과로 반인반수의 괴물 미노타우로스가 태어났다.

그의 아내의 행동에 부끄러움을 느낀 미노스 왕은 하루가 다르게 폭력적이고 거인으로 성장하

〈미노타우로스 The Minotaur〉
조지 프레데릭 와츠(George Frederic Watts, 1817~1904), 1885년, 캔버스에 오일
118×94.5cm, 테이트 미술관(영국 런던)

파시파에와 미노타우로스

〈파시파에 Pasiphae〉
줄리오 로마노(Giulio Romano, 1492?~1546)
1528년, 프레스코화, 209×252cm, 테 궁전(이탈리아 만토바)

는 괴물을 숨기기를 원했다. 이러한 이유로 그는 다이달로스에게 누구
나 한 번 들어가면 즉시 길을 잃고 갈팡질팡하는 구조를 가진 미궁(迷宮,
labyrinth)을 세워달라고 요청했다. 그러한 것은 매우 복잡한 건축물이
기 때문에 심지어 다이달로스조차도 겨우 길을 찾을 정도로 길을 찾는
데 많은 시간이 걸린다. 미노타우로스는 미궁의 중앙에 갇혔고, 동정을
살피는 눈들로부터 멀리 숨겨질 수 있었다. 그것에서 아테네로부터 공
물로 오는 젊은이들이 미노타우로스의 먹잇감으로 제공되었고, 그로 인
해 미노스 왕의 정적들에게도 공포로 다가오는 곳이었다. 결국 이 괴물
은 테세우스의 용감한 활약으로 죽음을 맞이하였다.

믿을 수 없는 탈출 설계

불행하게도 미궁이 건설되고 난 후 미노스 왕은 다이달로스와 그의 젊은 아들 이카로스를 탑의 꼭대기에 가두게 하였다. 어떤 누구에게도 미궁의 비밀을 발설할 수 없게 만든 것이었다. 다이달로스와 이카로스는 탑의 꼭대기 감옥에서 매일 대화를 이어나가며 어떻게 기적을 만들어 탈출할 수 있을지에 대해 생각하고 있었다.

미노스 왕이 그 섬을 떠나는 모든 배를 통제한 이후 어느 날 문득 다이달로스는 그들만의 탈출 루트가 하늘임을 깨달았다. 더욱이 미노스 왕은 크레타를 떠나는 모든 배를 완전히 통제하라는 엄격한 명령을 내렸다. 다이달로스는 어쩔 수 없는 운명에 대해 순응하기보다 불가사의한 계획을 실현하기로 받아들였다. 그는 탑 주변을 날아다니는 새들을 관찰했다. 새들의 세심한 버릇들을 연구했고, 어떻게 탈출할지에 대한 아이디어를 떠올렸다. 오랜 시간 동안 그는 머물고 있는 주변에서 찾을 수 있는 모든 깃털들을 모으고 있었다. 그리고 그것들을 모아 두 쌍의 날개로 디자인해서 왁스로 붙였다. 하나는 자신을 위한 것이었고, 다른 하나는 그의 아들을 위한 것이었다.

드디어 그들의 탈출 계획을 실행하려는 날이 왔다. 하늘을 날기 전에 다이달로스는 이카로스에게 엄중한 경고를 주었다. 왁스가 열에 녹기 때문에 너무 태양 가까이 날면 안 되고, 깃털들이 젖지 않도록 바다 가까이로 날아가서도 안 된다고 말해주었다. 그런 다음 그들은 탑의 난간 가장자리에 앉았다. 그들의 날개가 무겁게 펄럭이면서 당장이라도 새들과 경쟁하듯이 날 수 있을 것만 같았다. 드디어 두 팔을 벌리고 바다 너머로 날아가면서 그들과 섬 사이의 거리는 점점 멀어졌다.

〈다이달로스와 이카로스 Daedalus and Icarus〉
샤를 폴 랑돈(Charles Paul Landon, 1760~1826)
1799년, 캔버스에 오일, 54×44cm
알라송 미술관 소장(프랑스 알라송)

〈이카로스의 추락 풍경 Landscape with the Fall of Icarus〉
요스 데 몸퍼(Joos de Momper, 1564~1625)
1580년, 패널에 오일, 154×173cm, 스웨덴 국립미술관(스웨덴 스톡홀름)

이카로스의 추락

불행하게도 이카로스는 아버지의 경고를 곧 잊어버리고, 날고 있다는 사실에 흥분으로 꽉 차서는 태양 가까이 높이 올라갔다. 강렬한 열기가 그 날개의 왁스를 녹였고, 깃털들이 느슨해졌다. 잠시 후 불쌍한 이카로스는 바다 아래로 수직으로 떨어져 익사하고 말았다. 다이달로스는 전율을 느꼈지만, 순간적으로 일어난 일로 아들을 구할 수가 없었다.

아들을 잃은 상실감에 마음이 상해서 그는 아들이 떨어져 익사한 그

〈이카로스의 추락 풍경 Landscape with the Fall of Icarus〉
피테르 브뢰헬(Pieter Bruegel the Elder, 1525~1569)
1560년, 캔버스에 오일, 73.5×112cm, 벨기에 왕립미술관 소장(벨기에 브뤼셀)

지점과 후에 그의 이름으로 된 섬 주변 가까운 곳에 이름을 붙여주었
다. 그 바다는 이카리아(Ikaria) 해이고, 그 섬은 이카리아였다. 몇몇 자
료들은 이카로스가 바다에 빠진 그때, 힘센 헤라클레스가 지나가다가
떨어진 이카로스를 발견하여 장례를 치러주었다고 한다. 비극적 상실에
대해 스스로를 꾸짖으면서 다이달로스는 계속해서 시칠리아(Sicilia) 섬
을 향해 날았다. 거기에서 그는 카미코스(Kamikos)의 코칼로스(Cocalus)
왕의 궁전에서 피신처를 찾았다. 왕의 도움으로 그는 아폴론에게 헌신
하는 사원을 건설했고, 그의 날개를 그 신에게 헌정했다.

〈이카로스의 추락 The Fall of Icarus〉
메리 조세프 블롱델(Merry Joseph Blondel, 1781~1853)
1819년, 원형 천장에 프레스코화, 271×210cm
루브르 박물관 소장(프랑스 파리)

〈이카로스를 위한 애도 The Lament for Icarus〉
하버트 제임스 드라이퍼(Herbert James Draper, 1863~1920)
1898년, 캔버스에 오일, 180×150cm
테이트 브리튼 갤러리 소장(영국 런던)

정체가 드러나다

크레타에서는 성난 미노스 왕이 다이달로스의 믿을 수 없는 탈출에 노발대발하며 분노로 들끓고 있었다. 그의 마음속 단 하나의 생각은 그를 다시 크노소스 궁전으로 데리고 오는 것이었다. 미노스 왕은 다이달로스가 자신을 알아보는 것을 피하기 위해 변장을 하고 시칠리아 섬으로 직접 찾아가기로 했다. 어려운 임무를 완수하지 못하도록 해서 그를 다시 잡아오려는 것이었다. 그는 다이달로스가 도발적인 수수께끼나 복잡한 임무를 거절하지 않을 것임을 알고 있었다.

미노스 왕은 다이달로스를 찾기 위해 크레타에서 시칠리아로 출발했다. 그가 가는 어디든 나선형의 바닷조개를 통해 실을 꿰는 누구나 훌륭한 보상을 제공할 것이라고 소문을 냈다. 그리고 다이달로스도 이 복잡한 퍼즐을 풀기 위해 도전해 올 것임을 확신했다. 카미코스에 도착한 미노스 왕은 현상금과 임무를 내걸었다. 많은 사람들이 퍼즐을 풀기 위해 왔지만, 아무도 어려운 퍼즐을 풀지는 못했다.

그 소식은 코카로스 왕에게 알려졌고, 그는 즉시 다이달로스에게 누군가 그 퍼즐을 풀 수 있다면 알려달라고 했다. 물론 그 수수께끼 같은 퍼즐을 풀 수 있는 이는 바로 그였다. 다이달로스가 퍼즐을 보았을 때 늙음조차도 명석한 그의 머리를 녹슬게 하지 못함을 알았다. 그는 즉각 그 퍼즐이 무엇인지를 알았다. 그는 바닷조개의 한 쪽 끝에 꿀 한 방울을 떨어뜨린 다음 개미를 한 줄로 만들어 그 개미가 조개의 신비한 나선을 통해 걸어가도록 하였다. 꿀의 달콤한 냄새에 이끌린 개미들이 하나부터 열까지 속속들이 엮여 있는 다른 끝에 나타났다. 미노스는 그가 바로 자신이 찾던 다이달로스임을 알아차렸다. 즉각적으로 그는 계략을 쓰는 이 늙은이를 자신에게 인도하라고 코카로스 왕에게 요청했다.

아들을 위한 복수

하지만 코카로스 왕은 다른 계획을 가지고 있었다. 그는 미노스 왕이 카미코스에서 오랜 여행 후 휴식을 취하면서 머물라고 설득했다. 안내자가 그의 침실을 준비하는 동안 미노스는 어떤 의심도 하지 않고 기다리고 있었다. 그 사이 몇 년 동안 다이달로스의 발명품과 이야기에 매혹되어 그를 멀리 보내는 것을 볼 수 없었던 코카로스 왕의 딸은 그와 함께 미노스 왕을 죽일 음모를 꾸몄다. 미노스 왕이 목욕을 즐기고 있는 틈에 그에게 타는 듯한 뜨거운 물을 흘려보내려는 것이었다. 이것은 아들 이카로스를 잃은 다이달로스의 복수라고 할 수 있었다. 결국 그는 아들의 죽음을 이끌었던 그 남자의 죽음을 보게 되었다. 사후에 미노스는 지하세계에서 하데스의 판관이 되었다.

자신의 존재가 섬 전체에 알려지고 왕과 공주가 자신에 대해 실망했기에 다이달로스는 카미코스를 떠나기로 결정했다. 그는 사르디니아에서 마지막으로 목격된 것으로 전해진다. 그 후 어느 누구도 이 위대한 기술자가 무엇을 하고, 어떤 장소를 방문했으며, 무엇을 창조하고, 그의 머리에 어떤 기적적인 일이 일어났는지 아는 사람은 아무도 없었다. 오늘날 다이달로스는 그의 특별한 재능 때문에 저주 받은 명석한 사람으로 우리에게 기억되고 있다. 과거 성공을 이끌어낸 자신의 장점에 발목 잡혀서 현재 실패하는 경우를 일컫는 '다이달로스 콤플렉스(Daidalos Comploex)'라는 용어가 탄생하기도 하였다. 그의 불행의 정점은 아들의 죽음을 야기시킨 죄책감으로 평생을 살아가야 한다는 것이었다.

시시포스의 영원한 형벌

부조리의 발견

고활하고 속임수에 능한 시시포스

그리스 신화에서 시시포스(Sisyphus)는 ✛코린토스(Corinth)의 왕으로 속임수에 능하고, 죽음의 신 타나토스(Thanatos)를 두 번이나 속인 불명예의 인물이다. 제우스가 하데스의 깊은 지하세계의 언덕 위에서 둥근 돌을 굴리는 영원한 형벌을 그에게 내렸을 때, 그는 결국 인과응보로 받아들였다.

옛날 옛날에, 코린토스는 오늘날에도 유적이 발견될 정도로 매우 강력한 그리스 도시국가였다. 시시포스는 코린토스 첫 번째 왕이자 창시자로서 명성을 얻었다. ✛호메로스(Homer: 그리스 시인)에 의하면, 그는 바람을 지배하는 인간으로서 묘사된 아이올로스(Aeolus)의 아들이었다. 다른 자료들에 의하면, 영웅 이아손(Jason)을 도와 황금 양털을 손에 넣게 한 여자 마법사 메데이아(Medea)가 시시포스에게 코린토스를 주었다고도 한다.

어느 날 강의 신 아소포스(Asopos)의 딸 아이기나(Aegina)는 독수리로 변신한 제우스에 의해 납치되었는데, 그때 아소포스가 시시포스에게 딸

✛ **코린토스**
그리스 본토와 펠로폰네소스 반도를 잇는 코린트 지협(地峽)에 있었던 고대 도시국가. 코린트라고도 한다.

✛ **호메로스**
기원전 9세기에서 8세기에 활동한 고대 그리스 최대의 서사 시인으로 영웅 서사시 《일리아스》와 《오디세이아》를 썼고, 이는 그리스 문학의 고전이자 최대 걸작으로 알려져 있다.

의 행방을 물었고, 시시포스는 제우스가 아이기나와 함께 하늘 너머로 날아간 것을 보았다고 이야기해주었다. 제우스가 그 말을 들었을 때, 시시포스를 살려둘 수 없을 만큼 배신감을 느껴 격노하였다. 그래서 신들의 왕은 시시포스의 생명을 가져가기 위해 지하세계 가장 깊은 심연에 있는 죽음의 신 타나토스(Thanatos)를 그에게 보냈다.

두 번이나 신을 속이다

그러나 지하세계에서 죽음의 신 타나토스가 시시포스를 사슬로 묶으려고 왔을 때, 그는 넉살좋게 타나토스에게 사슬이 어떻게 작동하는지를 증명해주면 죽음을 결정하겠다고 요청했다. 이 말에 속아 방심한 타나토스가 스스로를 사슬에 채우자 시시포스는 더 이상 인간을 죽일 수 없도록 타나토스를 사슬에 묶은 채 동굴에 가두어놓았다.

타나토스가 사슬에 묶여 있는 동안 죽음은 어떤 누구도 데려올 수 없었다. 지하세계의 신 하데스는 자신의 영역에 도착하는 새로운 죽은 사람이 없음을 발견했고, 전쟁의 신 아레스(Ares)는 전쟁터에서 어느 누구도 죽지 않는 것을 발견했다. 이에 신들은 아레스를 코린토스로 보내 타나토스를 풀어주었고, 그 과정에서 아레스는 시시포스를 죽여 저승으로 데리고 왔다.

두 번째 죽음과의 대면에서 지하세계의 어두운 곳으로 온 시시포스는 하데스에게 자기를 생명이 지배하는 밝은 땅으로 되돌려주기를 설득하였다. 이를 미리 예상한 시시포스는 지하세계로 내려가기 전에 미리 아내에게 장례를 치르지 말라고 귀띔해주었다. 남편인 왕이 죽었을 때 해야 하는 의무인 공물과 희생물을 제공하지 못하도록 명령한 것이다.

그래서 그의 아내는 시시포스가 죽었음에도 망자에 대한 예의를 다해 장례식을 치르지 않고 있었다. 이에 시시포스는 친절하고 마음 착한 하데스의 아내 페르세포네의 마음을 움직여서 만약 자신이 풀려난다면 그의 아내에게 적절한 장례 의식을 수행하도록 가르치고 돌아오겠노라고 변론했다. 하지만 지하세계에서 풀려나자 시시포스는 하데스에게로 돌아갈 시도를 하지 않고 자연스럽게 나이든 채로 살아가겠다고 주장했다. 이전에 사슬에 묶인 경험이 있었기 때문에 타나토스는 시시포스 가까이에 가길 원치 않았고, 그러한 죽음의 신에게 시시포스는 크게 고마워했다.

제우스가 내린 영원한 형벌

시시포스가 천수를 다하고 자연적 죽음을 맞이했을 때 이번에는 제우스가 직접 중재에 나섰기 때문에 더 이상 죽음을 피할 수 있는 방법은 없었다. 신들의 왕 제우스는 인간들이 속임수를 쓴 시시포스의 위업에 의해 용기를 얻어서는 안 된다고 확신했다. 이제 그의 운명은 길고 지루해야만 한다. 호메로스의 《오디세이아》에서 영웅 오디세우스는 하데스의 지하세계로 내려가서 많은 실패한 영웅들을 만난다. 그리고 거기에서 그는 영원한 형벌을 받고 있는 시시포스를 보게 된다.

"그런 다음 나는 두 손으로 엄청난 바위와 씨름하는 시시포스의 고문을 목격했다. 그 자신을 버티며 손으로 돌을 밀면서 꼭대기로 가는 오르막으로 오르고 있었다. 하지만 매번 그가 꼭대기 너머 정상에 그 돌을 올려놓자마자 돌은 수직의 무게로 바뀌어 다시 아래로 되돌아왔고, 굴러온 무

자비한 바위를 계획에 따라 다시 한 번 올려야 했다. 그래서 한 번 더 그는 그 바위를 위로 밀어 올리는 씨름을 해야 했다. 반면 그의 손발로부터 달콤함이 쏟아져 내려 먼지는 그의 머리 위 높이 날아갔다."

— 《오디세이아》 11:593 중에서

그는 오늘날 많은 것들 중에서 그저 자연적인 명령에 따른 하찮은 것을 추구하고, 인류의 슬픔과 피할 수 없는 죽을 운명을 피하려는 통렬한 어리석음의 상징으로 기억되고 있다. 영어의 형용사 'Sisyphean'이라는 말은 시시포스 신화와 관련하여 '결코 완성할 수 없는 임무'를 의미한다.

그는 속임수를 잘 쓰는 사람이라는 오명을 얻었고, 지능적이었지만 그의 위대한 공적은 하데스를 속인 것이었다. 그것도 한 번이 아니라 두 번이나. 그러므로 하데스에게 그에 대한 묘사는 '가장 교활한 놈'이라는 것이었다.

부조리의 인식, 열정이 필요하다

프랑스의 대문호 알베르 카뮈(Albert Camus, 1913~1960)의 저서 《시시포스의 신화Le Mythe de Sisyphe》(1942)는 시시포스가 처한 부조리한 상황을 모티브로 해서 쓰여진 평론이다. 우리는 어떻게 모순된 상황 속에서 살아가고 있는지, 왜 삶이 의미 없는 것인지에 대한 고찰이다.

"의미 없고 불합리한 인생에 대한 깨달음이 자살을 요구하는가?"

이 철학적 문제에 답을 하기 위해 카뮈는 부조리한 상황을 이해해야한다고 서술함으로써 이 책을 시작한다. 즉 우리는 누구나 오늘보다 나은 내일을 위한 희망 위에 인생을 설계하지만, 과연 내일은 정말 희망을 가져올 것인가? 엄밀히 이야기하자면 그 내일이란 좀 더 죽음에 가깝게 다가가는 것이고, 궁극적으로는 적이다. 사람들은 마치 어떤 죽음에 대해 인식하지 못하는 것처럼 살아간다. 일단 그 평범한 로맨티시즘을 벗겨보면 세상은 낯선 나라이고 이상한 곳이며 잔인한 장소이다. 진실한 지식은 불가능하고, 합리와 과학으로는 그 세상을 설명할 수 없다. 그 세상을 살아가는 우리들의 이야기는 은유적으로 말하자면 궁극적으로 의미 없는 추상으로 결론 지어진다. 이것이 부조리한 상황이다.

"그 순간부터 부조리가 인식되고, 그 부조리는 이제 모든 것들 중에서 가장 비참한 열정이 된다."

부조리의 인식, 반항이 필요하다

세상이 부조리하지 않다면 인간의 생각도 부조리하지 않을 것이다. 부조리는 인간이 세상의 불합리함과 직면할 때 일어난다. 절대성과 통합을 위한 욕구는 이 세계를 합리성과 이성적 원칙으로 축소하려는 것이 불가능하다는 것에 직면한다. 예를 들어 키에르케고르(Kierkegaard, 1813~1855)처럼 이성을 포기함으로써 신으로 돌아가지도 못하고, 후설(Edmund Husserl, 1859~1938)처럼 이성을 고양시킴으로써 절대적 신에게 궁극적으로 도달하지도 못한다.

카뮈의 경우는 부조리의 심각성을 알고 그것이 마침내 결론으로 따라온다고 정립하였다. 이것은 확신할 수 없는 도약이기는 하다. 하지만 부조리의 심각성은 인식되는데, 이것은 무엇을 의미하는가?

"그것은 인간의 이성적 욕구와 비이성적 세계와의 틈 사이로 심각한 상황이 존재한다는 깨달음이다."

그렇다면 틀림없이 자살도 거절될 것이다. 인간 없이 부조리는 존재할 수 없다. 그 부조리한 상황은 견디어졌다. 거짓의 희망 없이 그 한계를 인식한다. 그러나 부조리는 결코 영원히 받아들여질 수 없는 것이다. 그래서 부조리는 영구적인 대치 상황과 영구적인 반항을 요구한다.

부조리의 인식, 자유가 필요하다

반면, 형이상학적 인식에서 인간 자유의 질문은 부조리한 인간에게 흥미를 잃어버리고, 그는 실체적 인식에서 자유를 얻는다. 삶의 목적을 추구하거나 의미를 창조할 필요 없이 좀 더 나은 미래 또는 영원함을 위한 희망에 의해서 더 이상 범위를 한정하지 않는다.

"그는 공동의 룰과 관련하여 자유를 즐긴다."

부조리를 포용한다는 것은 비합리적 세계의 모든 것을 포용한다는 것을 함축한다. 삶의 의미가 없이는 가치의 크기도 없다고 할 것이다.

"고려할 것은 최고의 삶이 아니라 대부분의 삶이다."

〈시시포스 Sisyphus〉
티치아노(Titian, 1488~1576), 1548~1549년, 캔버스에 오일
237×216cm, 프라도 미술관 소장(스페인 마드리드)

그러므로 카뮈는 부조리를 인식함에 있어서 '열정(슬픈 열정)', '반항', '자유'라는 세 가지를 그 결론으로 보았다.

부조리한 인간의 실존과 부조리의 창조

어떻게 부조리한 인간이 살아가고 있는가? 그 부조리한 인간은 분명히 높은 권력이나 정당성에 기초를 두고 있는 만큼 도덕적 법칙을 적용받지 않는다. 카뮈는 부조리한 삶의 예로서 열정적인 삶으로 가득 찬심각한 바람둥이 돈 주앙의 이야기를 시작하며 다음과 같이 말한다.

"고귀한 사랑은 없지만, 덧없고 특별한 것이 되려는 그 자체를 인식하는 것이 고귀한 사랑이다."

부조리의 창조자, 즉 예술가들은 세상의 무수한 경험을 묘사하는 것을 제지받았다. 부조리의 창조는 희망의 아주 작은 그림자조차도 언급하거나 판단하지 않을 것이다. 카뮈는 도스토예프스키의 《카라마조프의 형제들》을 분석한다. 이 작품은 부조리한 상황으로부터 시작하지만 작가는 작품에서 궁극적으로 희망과 신념의 길을 발견한다. 그러므로 진정한 부조리를 창조하는 데는 실패한다. 카뮈는 예술가들에 의해 창조된 부조리를 탐닉하며 이렇게 말한다.

"만약 세상이 깨끗하다면, 예술은 존재하지 않는다."

시시포스, 부조리에 대한 상징

이 에세이에서 카뮈는 부조리한 인간 상황과 그리스 신화 속 시시포스가 죽음으로부터 모든 인간을 보호하기 위하여 사슬로 죽음(타나토스의 의인화)을 묶고 신들에게 도전하는 상황을 비교한다. 죽음이 마침내 해방되었을 때 시시포스 자신이 죽어야 할 시간이 왔고, 그는 지하세계를 피하기 위하여 속임수를 지어냈다. 하지만 자연적 수명이 다해 시시포스가 붙잡힌 이후 신들은 그에게 영원한 형벌이 지속되도록 결정했다. 이제 시지포스는 산 위로 바위를 밀어 올려야 했다. 그 바위는 다시 아래로 떨어졌고, 그는 다시 시작하기 위해 내려가야 했다. 카뮈에 따르면, 시시포스는 부조리한 영웅이다. 왜냐하면 그는 인류가 죽음을 속이는 데 도움을 줌으로써 가장 충만한 삶을 살았지만, 궁극적으로 의미 없는 임무를 영원히 선고받았기 때문이다.

시시포스는 행복했을까?

카뮈는 끊임없이 반복되는 일들을 위해 공장과 사무실에서 무익한 일로 시간을 보내는 오늘날의 사람들을 은유로서 바라본다. 그들은 또 다른 시시포스인 것이다.

"오늘날 노동자들은 매일 똑같은 일을 하는데, 이 운명 역시 부조리하다. 하지만 그것이 의식되어지는 순간이 드물다는 것은 비극이다."

카뮈는 돌이 떨어진 후 새로운 시작을 위해 산 아래로 내려가는 노정에 있는 시시포스의 사상에 흥미를 가졌다.

"산 아래로 돌아가는 동안 잠깐 휴식을 취하는 시시포스가 나에게 흥미를 끈다. 너무나 돌과 밀착된 피곤한 얼굴은 이미 돌 그 자체이다! 남자는 무거운 마음으로 아래로 되돌아가지만, 끝을 알 수 없는 고통을 향하여 발걸음을 내딛는다."

이것은 영웅이 그의 비참한 상황을 의식하게 되는 진정 비극적 순간이다. 그는 희망이 없지만 이렇게 말한다.

"냉소로 극복되어질 수 없는 운명은 없다."

〈시시포스 Sisyphus〉
프란츠 폰 슈투크(Franz
von Stuck, 1863~1928)
1920년, 캔버스에 오일
103 X 89cm
개인 소장(독일 뮌헨)

이 진리가 비극을 정복할 거라고 깨달으면서 시시포스는 마치 부조
리한 사람처럼 돌을 올리는 일을 계속했다. 카뮈는 시시포스가 그의 임
무의 무익함과 어쩔 수 없는 운명을 깨달았을 때 비로소 자유롭게 불합
리한 상황을 깨닫고 기꺼이 받아들이기 시작했다고 주장한다. 카뮈는
마지막에 결론을 내리는데, 기대한 만큼 우울하지는 않다.

"모든 것이 잘 되고 있어. 높은 곳을 향한 그 자체의 투쟁은 인간의
심장을 채우기에 충분하다. 사람들은 시시포스가 행복했음에 틀림없다
고 상상한다."

레토의 모성애

아폴론과 아르테미스의 어머니

헤라의 질투

그리스 신화에서 레토(Leto)는 모성애를 대표한다. 모든 어머니처럼 레토도 그녀의 아이들을 낳고, 보호하고, 적절한 길을 찾아가며 키울 때 많은 고통을 겪었다. 레토는 제우스와의 관계 때문에 많은 불운을 겪었는데, 제우스의 부인 헤라의 질투가 그 원인이었다. 결국 그녀는 아이들을 낳을 안전한 장소를 찾지 못한 채 떠도는 섬 델로스(Delos)에서 아르테미스(Artemis)와 아폴론(Apollo)을 낳았고, 이후 델로스는 아폴론 신의 신성한 장소가 되었다.

레토는 티탄 신족 크로소스(Croesus)와 포이베(Phoebe)의 딸이었다. 그녀는 올림포스 신들과 비교하여 단지 몇 명만이 가지는 초자연적인 힘을 가지고 있었다. 레토는 제우스와의 관계로 쌍둥이 아르테미스와 아폴론을 낳았는데, 그들은 후에 올림포스 12신으로 여겨진다. 모든 것은 레토가 제우스에 의해 임신한 사실이 헤라에 의해 발각됨으로써 시작되었다. 제우스의 배신에 격노한 헤라는 질투심으로 레토가 아이들을 낳을 부드러운 땅이나 섬을 발견하지 못하도록 방해했다.

〈델로스 섬에서 아폴론과 아르테미스를 출산하는 레토 Leto Giving Birth to Apollo and Artemis on the Island of Delos〉
마르칸토니오 프란체스치니 (Marcantonio Franceschini, 1648~1729)
1560년, 판화, 407×560cm, 내셔널갤러리(영국 런던)

델로스 섬에서의 출산

　레토는 아이들을 낳을 장소를 찾기 위해 수고로움과 엄청난 고통을 감내하며 모든 그리스 지역을 돌아다녔지만, 사람들은 헤라의 보복이 두려워서 그녀가 그들의 집과 가까운 곳에서 아이를 낳지 못하도록 했다. 제우스는 레토를 포세이돈에게 맡겼고, 포세이돈은 레토를 델로스로 데려갔다. 바다로부터 섬이 나타났을 때 레토는 그곳에서 피난처를 찾을 수 있었다. 이 델로스 섬은 아무도 거주하지 않는 떠도는 섬이었다. 제우스는 섬을 안정시키기 위해 네 개의 닻으로 에게 해의 바닥에 델로스를 정박시켰다.

〈아폴론과 아르테미스의 탄생 The Birth of Apollo and Artemis〉
마르칸토니오 프란체스치니 (Marcantonio Franceschini, 1648~1729)
1692~1709년, 캔버스에 오일, 175×210cm, 리히텐슈타인 박물관(오스트리아 빈)

　　레토는 백조에 의해 둘러싸여진 델로스에서 안전하게 아이를 낳을
피난처를 발견했다. 아르테미스의 출산은 고통이 없었지만, 아폴론의
탄생은 9일 낮과 밤 동안 지속되었다. 왜냐하면 헤라가 분만의 여신 에
일레이티이아(Eileithyia)를 납치해서 레토가 쉽고 고통 없이 아이를 낳
는 것을 방해했기 때문이다. 신들은 논의 끝에 헤라에게 무지개 신을
보내 선물을 주었고, 선물을 보고 기뻐하는 헤라가 방심한 틈을 타 분
만의 신을 빼내왔다.

　　출산은 종려나무 아래에서 이루어졌다. 레토는 종려나무를 붙잡고
아폴론을 낳았고, 이때 아르테미스는 어머니를 도왔다고 한다. 그래서

태양의 신이자 음악의 신 아폴론

처녀의 신 아르테미스가 해산, 조산의 신 역할도 한다고 전해진다. 진실로 오늘날 델로스에는 신의 탄생을 축하하기 위해 고대 그리스인들이 심은 종려나무가 있다. 헤라를 제외한 모든 신들과 여신들은 후에 올림포스 신이 되는 아이를 확증하기 위해 처음부터 아폴론의 출산 현장에 있었다고 한다. 이것은 델로스가 후에 어떻게 아폴론의 신성한 장소가 되었는지에 대한 이유이다.

레토의 비애

그러나 헤라의 질투와 저주로 인해 레토의 비애의 끝나지 않았다. 레토와 아이들은 헤라에 의해 보내진 지구의 생명체들에 의해 끊임없이 괴롭힘을 당했다. 지구에서 태어난 거인 티티오스(Tityus)는 레토를 납치하려 했지만, 아폴론이 대장장이 헤파이스토스에 의해 만들어진 활과 화살을 얻어 화살을 쏘아 이를 저지시켰다. 또한 레토를 성희롱한 델포이 신탁을 안내하는 거인 비단뱀 피톤(Python) 또한 아폴론에 의해 붙잡혔다.

또 다른 신화에 따르면, 레토가 쌍둥이를 데리고 리키아 지방을 지나는 동안 그녀는 지칠

달의 여신이자 사냥의 여신 아프로디테

〈레토(라토나)와 개구리 Latona and the Frogs〉
다비트 테니르스 2세 (David Teniers II, 1610~1690)
1640~1650년, 구리에 오일, 24.8×34cm, 레지온 미술관(미국 샌프란시스코)

대로 지치고 목이 말라 우물로부터 물을 마시려고 했다. 그러나 농부들
이 진흙을 섞어서 그녀와 아이들이 물을 마시지 못하게 방해했다. 아이
들을 향한 자비심조차 없는 농부들에게 화가 난 레토는 그들을 영원히
연못을 떠날 수 없는 개구리로 변하게 했는데, 프랑스 베르사유의 테라
스 정원에 있는 중앙 분수대는 이 이야기를 묘사하고 있다.

　오랜 시간을 방황한 후 아르테미스와 아폴론이 신으로서 살기 위해
올림포스에 사는 아버지에게 갔을 때 레토는 마침내 그녀의 삶의 휴식
을 취하기 위해 테베에 정착했다. 거기에서 거들먹거리는 여왕 니오베
(Niobe)를 만났는데, 그녀는 일곱 명의 아들과 일곱 명의 딸들이 있어서
두 명의 아이를 가진 레토보다 자신이 더 우월하다고 자랑을 늘어놓았
다. 레토의 신성한 아이들, 아폴론과 아르테미스가 이 사실을 알았을 때

〈레토(라토나)와 리키아의 농부들 Latona and the Lycian Peasants〉
얀 브뢰헬 2세(Jan Brueghel II, 1601~1678)
1601년, 패널에 오일, 38×55.8cm, 슈테델 미술관(독일 프랑크푸르트)

모욕감을 느껴 분노하였고, 그들은 니오베의 열네 명 아이들을 모두 화
살로 쏘아 죽였다. 그 슬픔으로 니오베는 바위로 변신하였다.

레토의 제사는 두 신의 어머니라는 존재 때문에 그리스 전 지역과 소
아시아에 널리 퍼졌다. 그녀는 보통 자신의 아이들과 함께 결합되어 묘
사되고 숭배되며, 기원전에 제작된 그리스 항아리에서는 겸손한 여성으
로 묘사되어 있다. 그녀의 이름의 기원은 알려져 있지 않지만, '본 적
없는'이라는 의미로 알려져 있다. 또 다른 사람들은 그녀의 이름이 '레
다(Leda)'를 연상시킨다고 말한다. 그 말은 여성을 위한 리키아인들의
말이었다. 그러나 그리스 신화에서 레토는 가장 낮은 계층의 사람들에
게 매우 정중하게 존경받는 인물이며, 실제적으로 모성애를 대표한다.
그러므로 위대한 자식을 둔 어머니는 모두 존경 받는 위치에 자리한다.

니오베의 눈물

눈물이 흘러 강물이 되다

세상에서 가장 행복한 여인

니오베(Niobe)의 비극적 이야기는 가장 기억할 만한 그리스 신화 중의 하나이다. 이 신화는 고대 문학, 시, 예술에서도 유명하다. 가장 오래된 고전 호메로스(Homer, 기원전 9세기: 그리스 시인)의 ✛《일리아스Ilias》와 오비디우스(Ovidius, B.C. 43~A.D. 17: 로마 시인)의 ✛《변신이야기 Metamorphoses》에도 니오베 이야기가 다루어지고 있다.

니오베의 아버지는 아나톨리아(옛날의 소아시아, 현재의 터키)의 시필루스 산 너머 마을의 ✛탄탈로스(Tantalus) 왕이었고, 어머니는 정확하게 알려져 있지 않다. 니오베에게는 브로티아스(Broteas)와 펠롭스(Pelops)라는 두 남자 형제가 있었는데, 그중 펠롭스는 후에 전설적 영웅이 되고, 그의 이름에서 펠로폰네소스(Peloponnese)라는 지명이 유래하였다.

니오베는 자라서 테베의 왕 엠피온(Amphion)과 결혼했다. 이것은 그녀 인생의 전환점이었다. 그들은 열네 명의 아이들을 낳았는데, 일곱 명은 아들이고 일곱 명은 딸이었다. 저 멀리 떨어진 궁에서 일련의 비극적 사건이 있기 전까지 니오베는 세상에서 가장 행복한 여왕이었다.

✛ **《일리아스》**
유럽인의 정신과 사상의 원류가 되는 그리스 최대 최고의 민족 대서사시. 트로이 전쟁을 주제로 영웅들의 활약상을 그리고 있는 대서사시.

✛ **《변신이야기》**
그리스 신화 중에서 변신을 주제로 하여 세계의 탄생부터 로물루스가 로마를 건국할 때까지의 이야기를 총 열다섯 권으로 묶은 서사시.

✛ **탄탈로스**

탄탈로스가 지하세계에서 영원한 형벌을 받게 되는 이유에는 여러 가지 버전이 있다. 올림포스에 초대받은 탄탈로스는 신들의 음식을 훔쳐 친구들과 함께 먹었고, 신들의 비밀을 누설하였다는 설과 제우스의 황금 개를 찾으러 온 헤르메스에게 모른다고 시치미를 떼었다는 설이 있다. 또한 신들을 시험하기 위해 아들 펠롭스를 죽여 고깃국을 끓여 신들에게 대접하였는데, 이를 눈치 챈 신들이 국을 먹지 않았다. 하지만 데메테르만은 페르세포네를 잃은 슬픔에 이를 눈치 채지 못하고 고깃국을 먹어버린다. 신들은 고깃국을 모아 모이라이 여신 클로토에게 펠롭스를 되살리게 하였다. 다만 데메테르가 이미 먹어버려 되살릴 수 없었던 어깨는 상아로 만들어 채워주었으니 신들의 형벌을 받을 만하다.

신들은 탄탈로스를 지하세계의 타르타로스에 가두어 형벌을 내렸다. 그곳에는 턱까지 물이 닿는 호수가 있었는데, 탄탈로스가 갈증으로 물을 마시려 허리를 숙이면 물이 점점 내려가 마실 수 없었고, 배가 고파 그의 머리 위에 있던 과일을 따 먹으려 손을 뻗으면 과일나무가 하늘로 올라가 따 먹을 수 없었다. 그렇게 탄탈로스는 계속되는 갈증과 배고픔에 시달려야 했다. 한편, 다른 이야기에서는 그의 머리 위에 커다란 바위가 있어 언제 바위가 자신을 향해 떨어질지 모른다는 두려움에 빠지게 되었다고도 한다. 그 후 탄탈로스의 가문에는 저주가 내려져 그의 후손들은 서로 죽고 죽이는 비극을 감당해야 했다.

신들의 복수

신성한 쌍둥이 아폴론과 아르테미스의 어머니 레토 또한 테베에 살고 있었다. 어느 날 레토에게 경의를 표하기 위해 축제가 열리던 날, 신전 앞에서 레토를 만난 니오베는 자신의 혈통과 가문이 훌륭한데다 남편의 공적도 높고 자신의 아름다움도 비교할 수 없을 정도라며 한껏 으스댔다. 그리고 자신의 열네 명의 아이들에 대해서 자랑을 늘어놓으며 두 명의 아이를 가진 레토보다 자신이 훨씬 더 경배 받을 만하다며 오만불손하게 말하였다.

레토는 아폴론 신과 아르테미스 여신에게 니오베의 말을 들려주었고, 니오베가 레토에게 행한 무례함을 알았을 때 그들은 몹시 화가 나서 니오베의 아이들을 죽이기 위해 땅으로 내려갔다. 빛과 음악의 신 아폴론은 니오베가 보는 앞에서 일곱 명의 아들을 강력한 화살로 쏘아

죽였다. 비록 니오베가 마지막 생존해 있는 아들을 위해 자비를 베풀어달라고 빌었지만, 아폴론의 치명적인 화살은 이미 그의 활을 떠나 정확하게 목표물을 찾아가 맞혔다. 그렇게 해서 니오베의 모든 남자 자손들이 몰살되었다. 이번에는 사냥의 처녀 여신 아르테미스가 화살로 니오베의 일곱 명의 딸을 맞혔다. 그 죽은 시체들은 9일 동안 묻히지 않고 벌판에 버려져 있었다.

니오베의 아이들을 화살로 죽이는 아폴론과 아르테미스

262

〈니오베의 아이들을 공격하는 아폴론과 아프로디테(다이아나) Apollo and Diane attacking the children of Niobe〉
자크 루이 다비드(Jacques Louis David, 1748~1825)
1772년, 캔버스에 오일, 120×153cm, 댈러스 미술관 소장(미국 텍사스)

눈물 흘리는 바위

오비디우스의 《변신이야기》에서는 아이들의 죽음을 전해들은 엠피온 왕은 칼로 스스로를 찔러 목숨을 버렸다고 기록하고 있다. 몇몇 다른 버전에서는 그 역시 아들의 죽음에 복수를 하려 했다가 아폴론에게 죽임을 당했다고 한다. 한순간에 니오베는 온 가족이 몰살당하는 고통을 겪었다. 깊은 고통 속에서 니오베는 시필루스 산으로 달려갔다. 거기에서 그녀는 고통을 끝내려고 신에게 기도를 했다. 그리고 제우스가 그녀의 슬픔에 공감하여 그녀를 바위로 변하게 하였다. 돌처럼 차가운 느낌을 그녀에게 알게 하려는 것이었다. 마침내 그녀의 팔과 다리가 굳어지고, 얼굴빛이 창백하게 변하더니 몸속 장기들마저 굳어졌다. 하지만 차가운 바위로 변했을지라도 니오베의 슬픔은 계속되었다. 그녀의 끝없는 눈물은 바위로부터 솟아올라 강물이 되어 흘렀다. 그 바위는 어머니의 영원한 한탄을 생각하는 사람처럼 움직이는 듯이 서 있었다.

바위로 변신하여 하염없이 눈물을 흘리는 니오베

오늘날 사람들은 니오베가 아이들의 죽음을 한탄하며 여전히 고통 속에서 시필루스 산 절벽 석회암 바위로 새겨져 있다고 믿는다. 작은 구멍 바위 밖으로 흘러나오는 물은 그녀의 하염없는 눈물을 암시한다. 얼마나 슬프면 눈물이 강물이 될까? 그것은 천년만년 눈물이 멈추지 않는다는 의미일 것이다. 차가운 바위가 되어서도 정녕 잊히지 않는 슬픔에 가슴이 먹먹해진다. 이러한 니오베의 비극적 이야기는 그리스인들의 오래된 개념인 오만불손함에 대한 경고의 의미라고 한다. 만약 당신이 신을 향해 건방지게 행동한다면, 당신은 그에 합당한 벌을 받게 될 것이다. 신을 두려워하는 마음, 그래서 인간에 대한 겸손함을 잊지 않는 그리스인들이 마음이 인간으로서, 민주 시민으로서의 열정을 고양시켰는지 모르겠다. 그만큼 겸손함은 동서고금을 막론하고 가치의 덕목이었다.

실제 터키 시필루스 산에 있는 '흐느끼는 바위'

〈니오베와 아폴론과 아르테미스에 의해 죽은 그녀의 아이들 Niobe and her children killed by Apollo et Artemis〉
아니에 샤를 가브리엘 레모니에(Anicet Charles Gabriel Lemonnier, 1743~1824)
1772년, 캔버스에 오일, 141×112cm
루앙 미술관 소장(프랑스 루앙)

피그말리온과 갈라테이아

자신의 창조물을 사랑한 조각가

이상한 조각가

피그말리온(Pygmalion)과 갈라테이아(Galatea)의 이야기는 꽤 알려져 있고 오늘날까지도 유명하다. 유명한 조각가 피그말리온이 자신이 조각한 창조물과 사랑에 빠지고, 그 창조물에게 생명을 주기를 희망한다는 이야기이다. 이 이야기의 컨셉은 사실상 남성의 행동과 희망의 심리학적 이해를 기본으로 하고 있으며, 현대에 와서는 여성을 교육시킬 수 있는 창조물의 형태로 만드는 남성으로서의 피그말리온을 인정한다는 다소 남성주의적 가치를 내포하고 있다.

피그말리온은 마치 미켈란젤로가 살아 있는 것처럼 조각을 하듯이 대리석으로 생명 있는 것처럼 외형을 만드는 훌륭한 조각가였다. 예술에 대한 그의 깊은 헌신은 그가 여성의 아름다움을 찬양할 시간을 갖지 못하게 했다. 그의 조각들은 그가 아는 한 아름다움뿐이었다. 단지 피그말리온에 대해 알려진 것은 그가 자신의 솜씨에서 위안을 찾으면서 여성을 경멸하고 피한다는 것이었다. 사실상 그는 결혼을 하지 않을 것을 맹세하여 여성들에게 비난을 받았다.

자신의 창조물과 사랑에 빠지다

어느 화창한 날, 피그말리온은 비할 데 없이 아름다운 여성 조각상을 조각했다. 그가 조각상에서 눈을 뗄 수 없을 정도로 그 조각상은 품위 있고 신성하게 보였다. 자신의 창조물에 매혹된 그는 즐거움과 욕망이 그의 몸에 파도처럼 밀려오는 것을 느꼈고, 영감의 순간에 그 형상을 '우윳빛처럼 하얀'을 의미하는 '✢갈라테이아'라고 이름 지었다.

〈갈라테이아의 승리 Triumph of Galatea〉 세부 1512년, 프레스코화, 빌라 라파엘로 산치오(Raffaello Sanzio, 1483~1520) 파르네시나 소장 (이탈리아 로마)

✢ **갈라테이아**

그리스 신화에서 갈라테이아는 우윳빛 살결로 바다의 신 네레우스의 50명(혹은 100명) 딸들 중 가장 아름다운 네레이드(Nereid: 바다의 요정)였다. 그녀는 시칠리아의 섬에 살고 있는 거인 폴리페모스(후에 오디세우스에 의해 한 쪽 눈을 잃어 외눈박이가 됨)의 사랑을 받았지만, 그녀가 좋아한 남자는 젊고 아름다운 아키스였다. 어느 날 폴리페모스는 아키스의 가슴에 머리를 기대고 잠들어 있는 갈라테이아를 발견한다. 질투심에 사로잡힌 폴리페모스는 커다란 바위를 들어 올려서 아키스를 향해서 던졌고, 바위는 그대로 아키스 위에 떨어졌다. 연인의 죽음으로 슬픔에 잠긴 갈라테이아는 연인의 피를 강물이 되어 흐르게 하였고, 그 강을 아키스의 이름을 따서 아키스 강이라고 불렀다고 한다. 라파엘로의 〈갈라테이아의 승리〉에서는 그리스 신화 속 갈라테이아를 이성적 미의 여인으로 구현하였다. 연인 아키스를 죽인 외눈박이 괴물 폴리페모스와의 싸움에서 승리를 거두고 돌아오는 보무(步武)도 당당한 여인의 모습을 보여주고 있다.

〈피그말리온과 갈라테이아 Pygmalion and Galatea〉
장 바티스트 르노(Jean Baptiste Regnault, 1754~1829)
1786년, 캔버스에 오일, 120×140cm, 베르사유 궁전 소장(프랑스 파리 근교)

　피그말리온은 가장 깨끗한 천으로 예쁘게 주름을 잡아 그녀를 덮어
주었고, 가장 매혹적인 장신구로 그녀를 꾸며주었으며, 가장 아름다운
꽃들로 그녀의 머리를 장식해주었다. 그리고 숭배의 대상으로서 그녀에
게 키스를 했다. 그 순간 피그말리온은 그의 창조물과 미친 듯이 사랑
에 빠져 들었다. 그는 그 창조물을 아내로 욕망하였다. 그 후 그는 무수
한 밤낮을 그 창조물을 응시하면서 보냈다.

꿈을 현실화하다

　한편 아프로디테 여신을 위한 축제의 어느 날, 여신 아프로디테에게 공납을 하면서 피그말리온은 그의 모든 심장과 영혼을 모아 그의 대리석 조각상을 진짜 여인으로 변화시켜주기를 여신에게 간청하며 기도했다. 그의 깊은 숭배에 감동 받은 아프로디테는 그가 말하는 유명한 조각상을 직접 보기 위해 피그말리온의 작업장으로 갔다. 거기에서 그녀가 갈라테이아의 조각상을 보았을 때 그녀는 그 아름다움과 생생함에 놀라움을 감출 수 없었다. 요리조리 조각상을 살펴보면서 아프로디테는 갈라테이아의 아름다움이 자신과 마찬가지로 완벽하다고 생각했다. 그래서 여신은 그 조각상에 대단히 만족하여 피그말리온의 소원을 허락해주었다.

위대한 조각가는 희망에 차서 집으로 돌아왔고, 당장 갈라테이아에게 달려갔다. 먼저 그는 대리석 조각상의 뺨이 흘러내리는 것을 눈치챘다. 다음 날 천천히 새벽이 밝아서야 아프로디테는 그의 청원을 들어주었다. 피그말리온은 자신을 억제하지 못하면서 갈라테이아를 강하게 붙잡았다. 차가운 상아가 부드럽고 따뜻하게 바뀌었다. 사랑스런 조각상이 그에게 미소 지으며 자신을 향해 찬양의 말을 하며 생명을 얻게 되었을 때, 피그말리온은 놀라서 뒤로 물러섰다.

그들의 사랑은 축복받았다. 오래 지나지 않아 아프로디테 여신은 행복과 번영으로 그들을 축복하면서 두 연인의 결혼 맹세를 허락해주었다. 이 행복한 부부는 아들 파포스(Paphos)를 얻었고, 후에 그는 키프로스에 있는 파포스의 도시를 세웠다. 어느 날, 피그말리온과 갈레테이아는 딸 메타르메(Metharme) 또한 얻었고, 이후 행복하게 살았다. 이 신화의 결과로 '당신이 바라는 대로 이루어진다'는 ✛'피그말리온 효과'의 용어가 생겨났다.

✛ **피그말리온 효과**
누군가에 대한 믿음, 기대, 예측이 바라던 대로 일어나는 심리적 효과를 의미한다. 간절히 소망하면 불가능한 일도 실현된다는 긍정적 효과를 낳을 때 이르는 말이다.

⟨피그말리온과 갈라테이아 Pygmalion and Galatea⟩
에르네스트 노르먼(Ernest Normand, 1857~1923)
1881년, 캔버스에 오일, 171×117cm
엣킨스 미술관 및 도서관 소장(영국 머지사이드)

〈피그말리온과 갈라테이아 Pygmalion and Galatea〉
장 레옹 제롬(Jean Léon Gérôme, 1824~1904)
1890년, 캔버스에 오일, 88.9×68.5cm
메트로폴리탄 박물관 소장(미국 뉴욕)

꿈속에서 우리는 태초의 밤의 어둠 속에 살고 있는 좀 더 보편적
이고 진실하고 영원한 자의 초상이 된다. 꿈속에서는 모든 것이 하
나로 어우러져 있다. 자연과 구분할 수 없으며, 모든 자아를 벗어
버린 상태이다. 꿈은 이 모든 것이 하나가 되는 곳에서 생겨나며,
너무나도 유치하고 기괴하며 비도덕적이다. 꽃처럼 피어나는 그
솔직함과 진실함 앞에 우리는 기만에 찬 우리의 삶에 대해 얼굴을
붉히게 된다. 신화는 이처럼 꿈의 내용을 담고 있다.   ― 칼 융